UM CARTÃO PARA VOCÊ...

PEDRO

FÁBRICA231

Copyright © 2018 by Pedro Henrique

Fábrica231 – O selo de entretenimento da Rocco

Direitos desta edição reservados à EDITORA ROCCO LTDA.

Av. Presidente Wilson, 231 – 8º andar

CEP: 20.030-021 / Rio de Janeiro – RJ

Tel: (21) 3525-2000 / www.rocco.com.br

Printed in Brazil / Impresso no Brasil

CIP-Brasil. Catalogação na fonte

Sindicato Nacional dos Editores de Livros – RJ

Vanessa Mafra Xavier Salgado – Bibliotecária

CRB-7/6644

O texto deste livro obedece às normas do

Acordo Ortográfico da Língua Portuguesa

H448c

HENRIQUE, PEDRO

UM CARTÃO PARA VOCÊ... / PEDRO HENRIQUE

1. ED. / RIO DE JANEIRO : FÁBRICA 231, 2018

ISBN 978-85-9517-053-7

1. CRIAÇÃO (LITERÁRIA, ARTÍSTICA, ETC)

2. ESCRITA CRIATIVA

I. TÍTULO

18-52842   CDD-801.92   CDU-808.1

DESIGNER: KARLA MARIA TAVARES

FOTO: ANNA DE FRANCO

ESTE LIVRO É DEDICADO
À MINHA IRMÃ,
QUE MESMO JÁ TENDO LIDO E OUVIDO
TODAS AS MINHAS DECLARAÇÕES DE AMOR,
PRECISA SABER
QUE O MEU MUNDO É MAIS BONITO
COM ELA.

AGRADECIMENTOS:

MÃE & PAI, OBRIGADO POR TUDO ATÉ AQUI.

JOÃO, PELO EMAIL QUE MUDOU A MINHA VIDA.

AMIGOS, POR TODAS AS NOSSAS HISTÓRIAS.

UM CARTÃO POR ME TRANSFORMAR SEMPRE.

VOCÊ, POR ESTAR AQUI. NADA É ACASO E AS HISTÓRIAS NÃO SE CRUZAM SEM MOTIVO. ESTAMOS CONECTADOS PELO CORAÇÃO.

ESPAÇO RESERVADO PARA AQUELE ==TEXTINHO== ESPECIAL, ==AUTÓGRAFO== TODO BONITÃO OU UMA ==DEDICATÓRIA== CHEIA DE AMOR :

DICAS PARA ESSA LEITURA:

- RESPEITE AS SUAS EMOÇÕES
- SE PERMITA SENTIR MUITO
- ESCUTE O SEU CORAÇÃO
- SORRIA DAS PEQUENAS COISAS
- MAS, SE QUISER CHORAR, PODE TAMBÉM
- DEIXE O AMOR TE LEVAR.

DICAS PARA ESSA VIDA:

- CONVERSE. CONVERSE MUITO!
- RIA DE COISAS IDIOTAS
- SE AME MAIS DO QUE TUDO
- FAÇA COM VONTADE
- SEJA GENTIL
- ESCREVA CARTÕES

ÍNDICE:

UM CARTÃO PARA VOCÊ...

ME CONHECER E SE CONHECER

COMPLETAR E CRIAR JUNTO

PENSAR NA VIDA

MANDAR PARA ALGUÉM

GUARDAR PARA SEMPRE

SE QUISER ME ENCONTRAR:

- ONLINE:

UMCARTAO.COM.BR OU @UMCARTAO

- AO VIVO E EM CORES:

RUA VISCONDE DE PIRAJÁ, 495
WEWORK IPANEMA
IPANEMA — RIO DE JANEIRO - RJ
CEP: 22.410-002

→ ARRANCAR ESSA PÁGINA FOI O JEITO QUE EU ENCONTREI PARA DIZER QUE, ÀS VEZES, AS COISAS NÃO SAEM DO JEITO QUE A GENTE IMAGINOU, MAS QUE ISSO NÃO PODE SER CAPAZ DE IMPEDIR QUE A GENTE APROVEITE TUDO DE BONITO QUE AINDA ESTÁ POR VIR.

♥

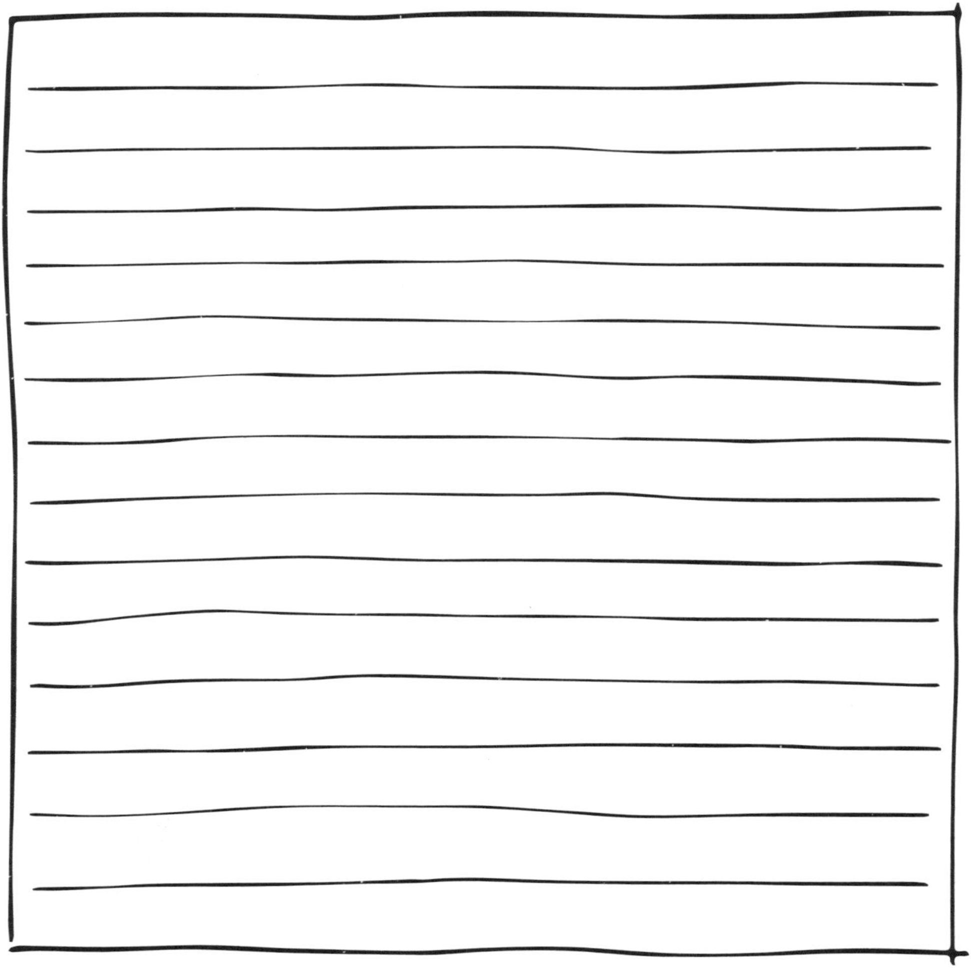

ME CONHECER

E

SE CONHECER

Este é um texto sem revisão, sem máscaras e sem medos. Só leia quando o seu coração estiver pronto para receber o meu.

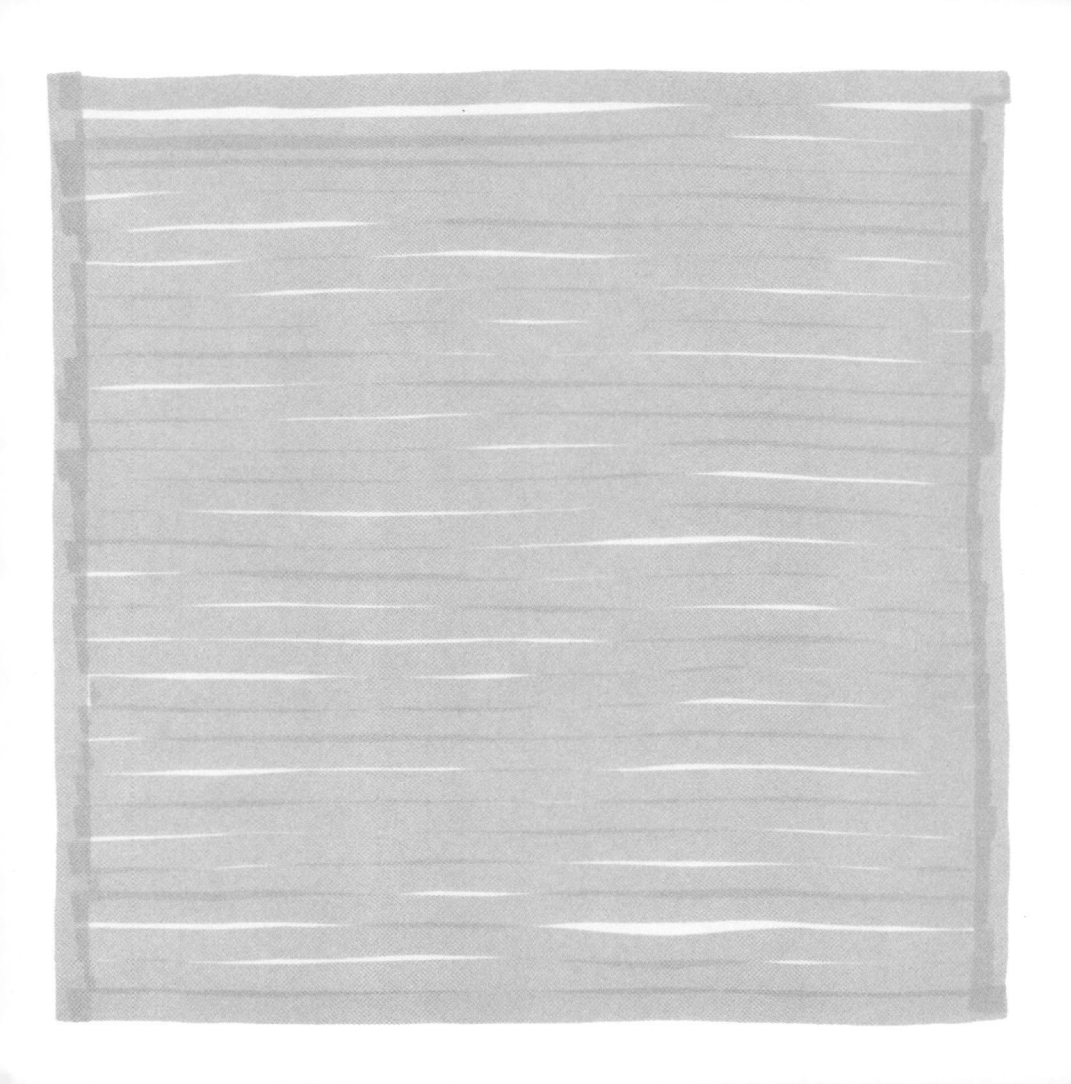

Confesso que eu não sabia como escrever esse texto. Não sabia por onde começar e paralisei ao imaginar que, talvez, não conseguiria colocar em palavras tudo o que me faz colocar o meu coração sempre assim há tanto tempo.

Resolvi, então, pensar em tudo o que já aconteceu até hoje exatamente por eu ter colocado o coração assim. Revisitei muitas histórias, relembrei muitos aprendizados e pensei em todos os cartões que já escrevi.

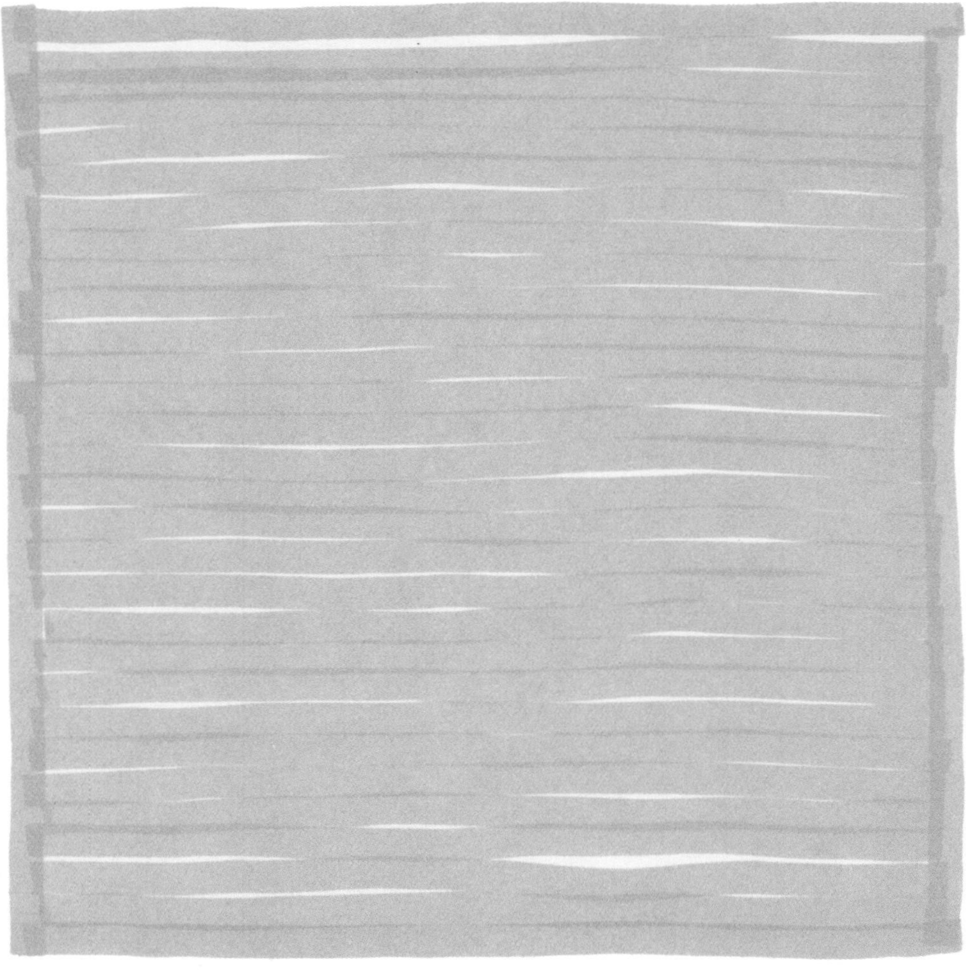

A retrospectiva veio súbita, como um relâmpago amarelo que, estúpido, risca o céu preto breu e ilumina a noite mais escura. Sorri sozinho ao aceitar a minha ingenuidade. Estou careca de saber que existe sim luz nas noites mais sombrias. E que essa luz vem sempre de dentro.

    Comecei a revirar os meus baús, a mexer nas minhas gavetas e a procurar em todas as minhas portas o que me faz escrever todos os dias. Não encontrei uma resposta certa, com todos os contornos definidos e com uma linha coesa

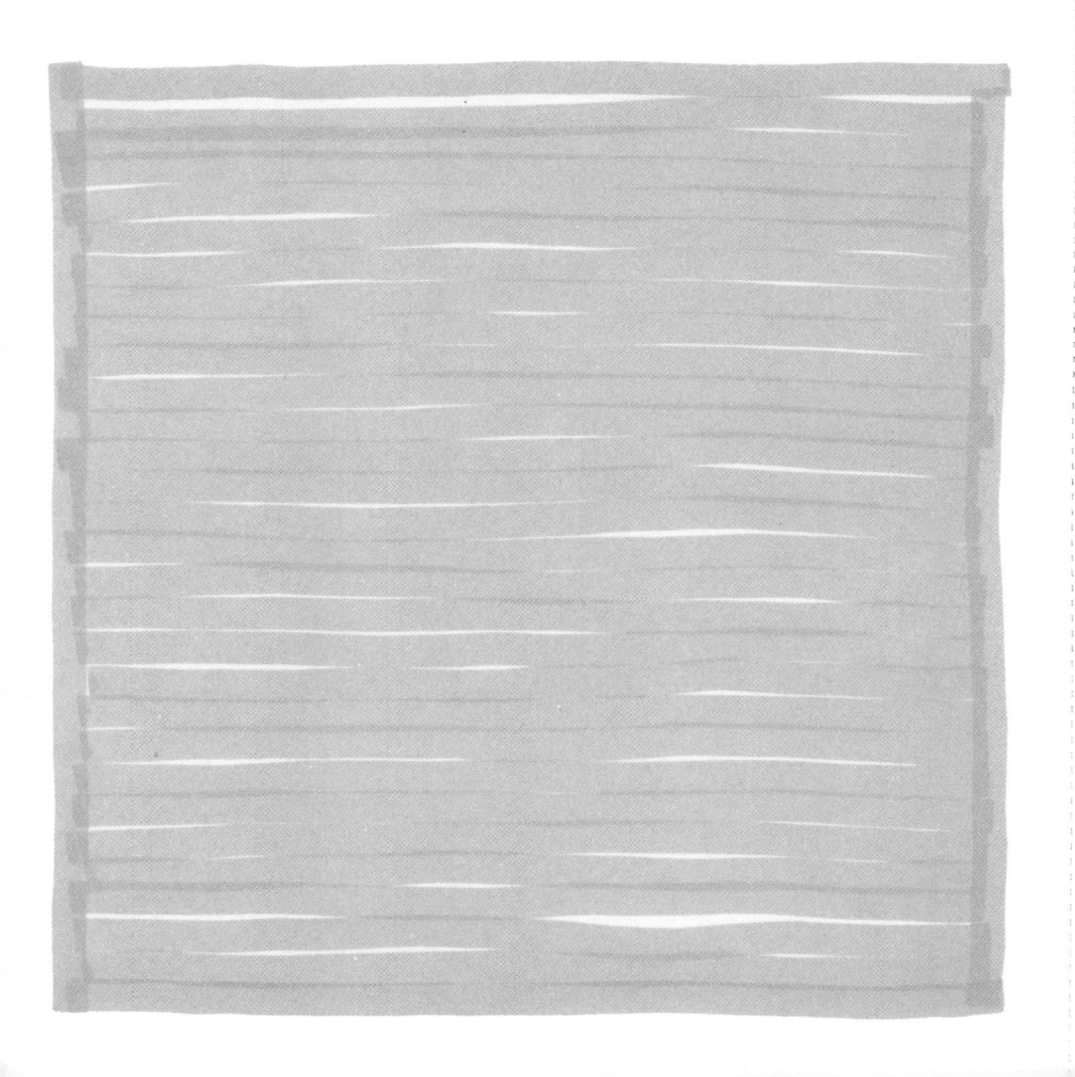

de raciocínio. Mas encontrei muitos pequenos pedaços perdidos e espalhados, que, quando juntos, me fazem ser quem sou, o que, no final, acredito ser a resposta: somos feitos de tudo o que sentimos ao longo do caminho. Percebi, assim, que não sou eu que escrevo os cartões. São eles que me escrevem. Sorri sozinho de novo.

    Sempre fui um apaixonado pelas palavras. A capacidade que elas têm de conseguir tornar físico o que não pode ser tocado ainda desperta em mim aquela fagulha quente das paixões.

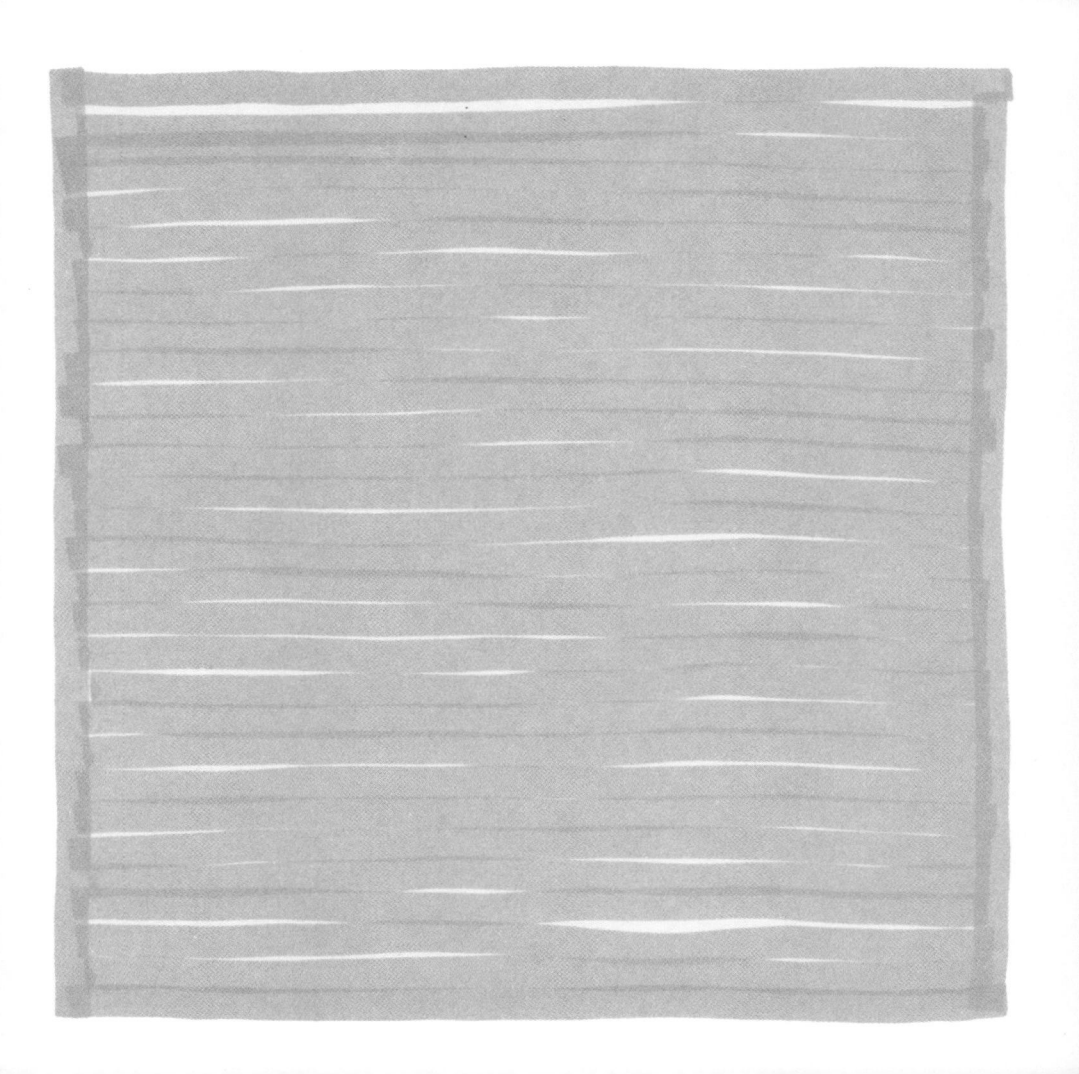

POR ISSO, ESCREVER SEMPRE FOI PORTO SEGURO E CERTEZA INABALÁVEL QUE A MINHA CALMARIA MORAVA DENTRO DE MIM, QUE AS ONDAS PASSARIAM E QUE TUDO VOLTARIA A AQUIETAR DE NOVO. SEMPRE ME CONFORTEI EM SABER QUE TERIA PARA ONDE CORRER QUANDO O RESTO NÃO FIZESSE TANTO SENTIDO ASSIM. ENTENDI QUE O SENTIDO DA VIDA APARECE QUANDO A GENTE PERCEBE QUE NÃO ESTÁ SOZINHO E QUE O CONFORTO DA EXISTÊNCIA SIGNIFICA SABER QUE SE TEM COM QUEM CONTAR. O SENTIDO DA MINHA APARECEU QUANDO OS CARTÕES NASCERAM PARA ME FAZER COM-

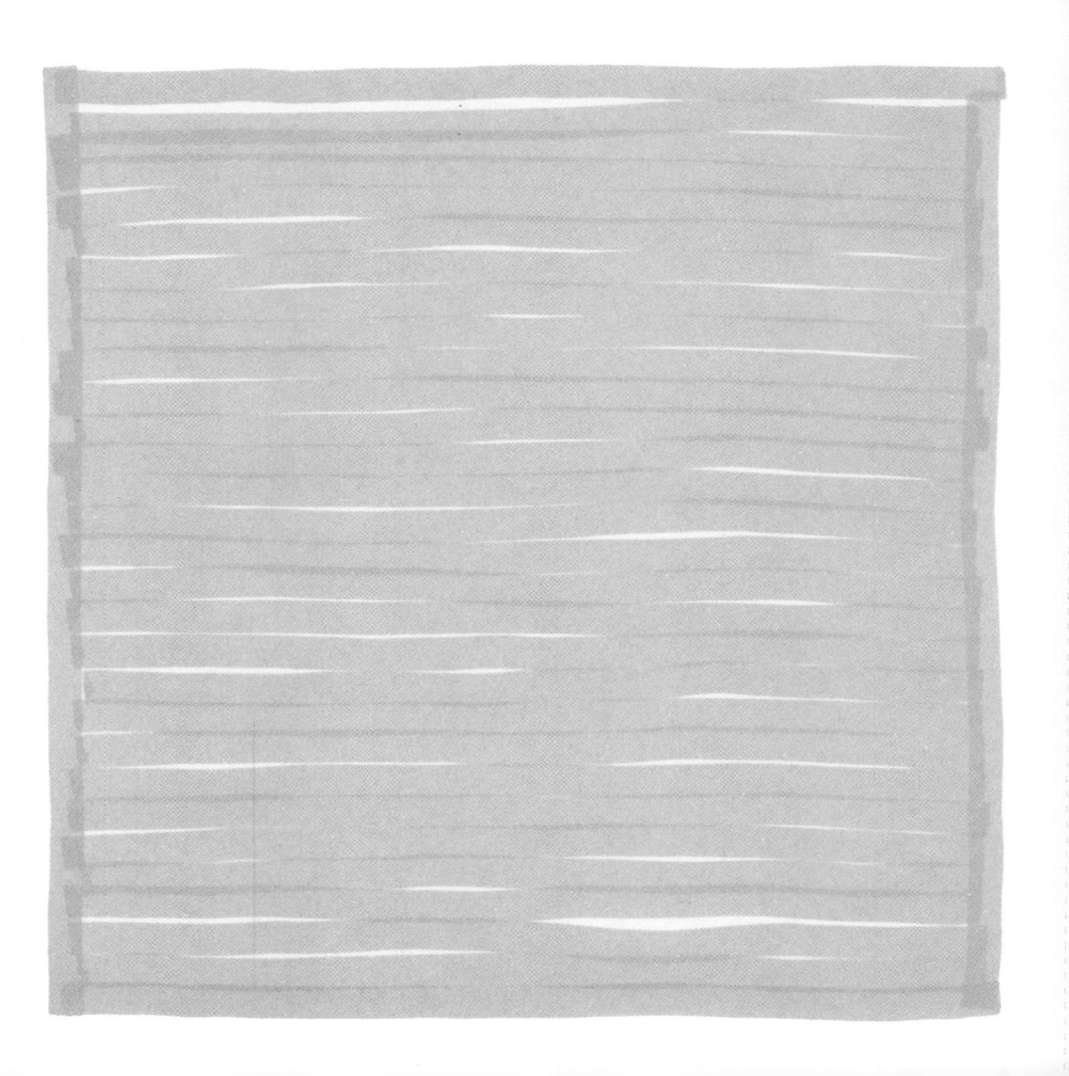

panhia e para iluminar todas as minhas escuridões.

    Confiei demais, entreguei o que não estavam prontos para receber e prometi que nunca mais me permitiria assim. Falhei. Custei a entender que a vida só se dá para quem se entrega e que não amar por medo da dor, é o mesmo que não viver por medo da morte. Então, eu me entreguei e resolvi viver, mas não posso negar que tive muito medo de aceitar tudo o que a vida queria dar.

    Chorei muitas lágrimas de dúvidas quando ninguém estava olhando e virei

Muitas noites sem plateia também. Perguntei a mim mesmo o que estava fazendo com a minha história e quanto tempo aquela aventura duraria. E de tanto ser perguntado sobre isso também, resolvi que faria o trabalho duro. Arriscaria as poucas certezas e pagaria o preço da escolha. Decidi atender ao chamado do meu coração para continuar organizando todos os meus pequenos pedaços perdidos e espalhados. Eles poderiam servir para mais alguém encontrar os próprios pedaços ou perceber que não estava mais sozinho, porque

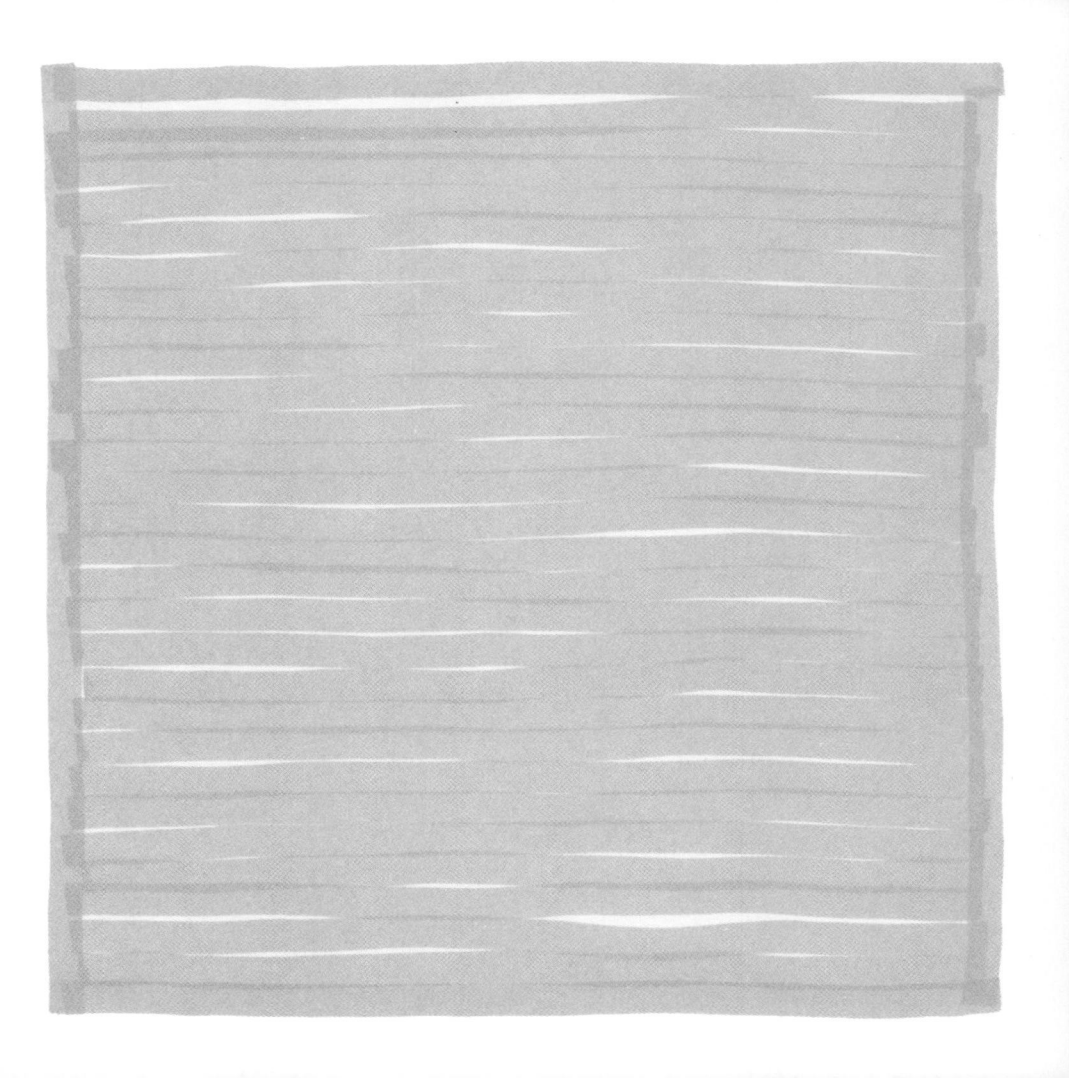

DEFINITIVAMENTE, TERIA COM QUEM CONTAR.

    AMEI A LIBERDADE DE VIVER AQUILO NA PELE E DE SER CAPAZ DE ENCARAR A DESCONFIANÇA DO MUNDO COM TERNURA. PASSEI A VER A FELICIDADE EM TODOS OS PEQUENOS MOMENTOS E TREINEI O MEU OLHAR PARA CAPTAR TODOS OS MICRODETALHES QUE FAZEM A VIDA SER BOA. ASSUMI QUE ESSA É SÓ UMA CHANCE QUE A GENTE TEM DE FAZER O BEM E DE APRENDER SOBRE O AMOR.

    CONFESSO QUE, MESMO SEM SABER COMO ESCREVER ESSE TEXTO, EU SEMPRE SOUBE COMO SENTIR QUE O AMOR TRANSFOR-

MARIA TUDO.

SE VOCÊ AINDA ACHA QUE EU NÃO ME APRESENTEI, PRAZER, EU SOU O PEDRO, MAS PODE ME CHAMAR DE UM CARTÃO.

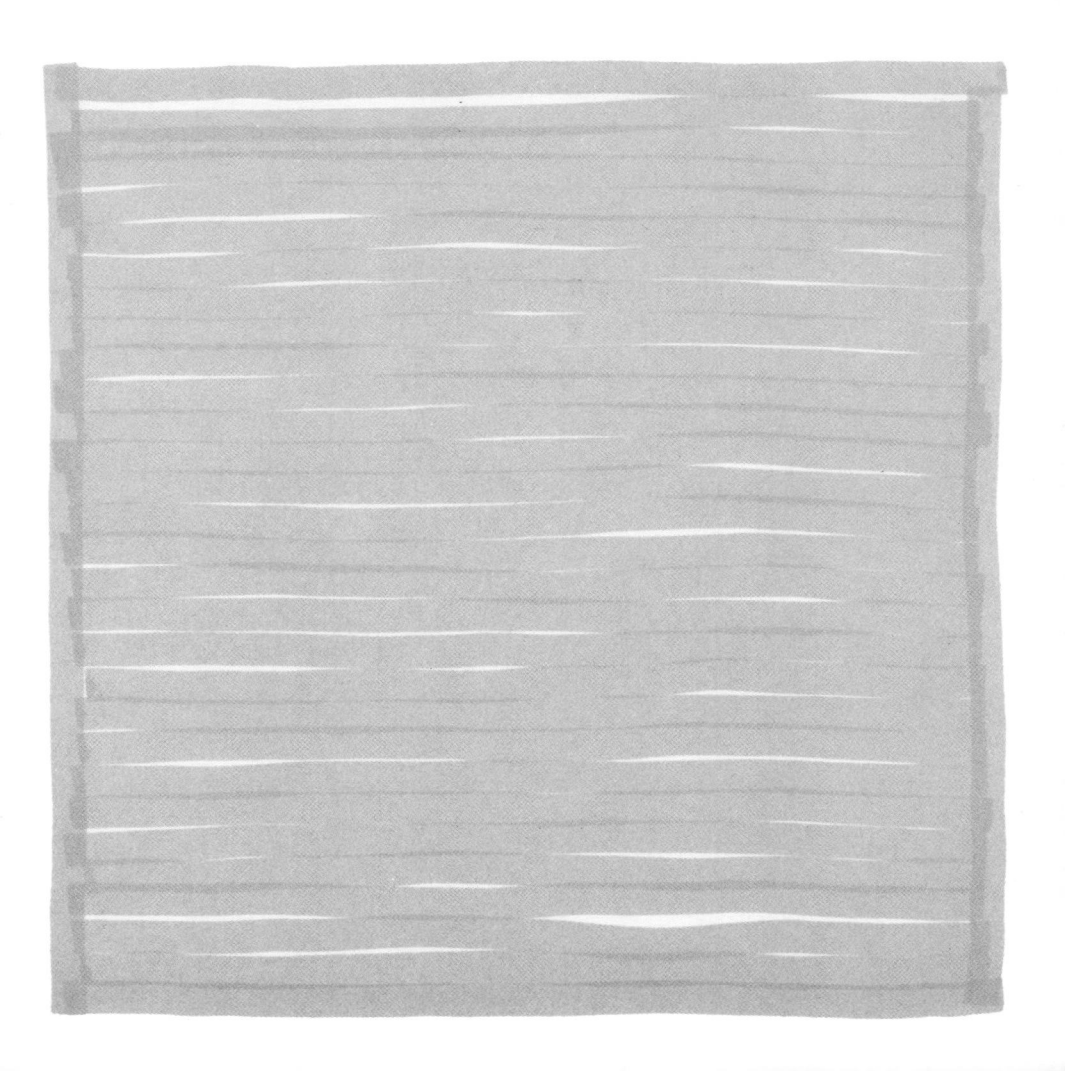

AGORA É A SUA VEZ!

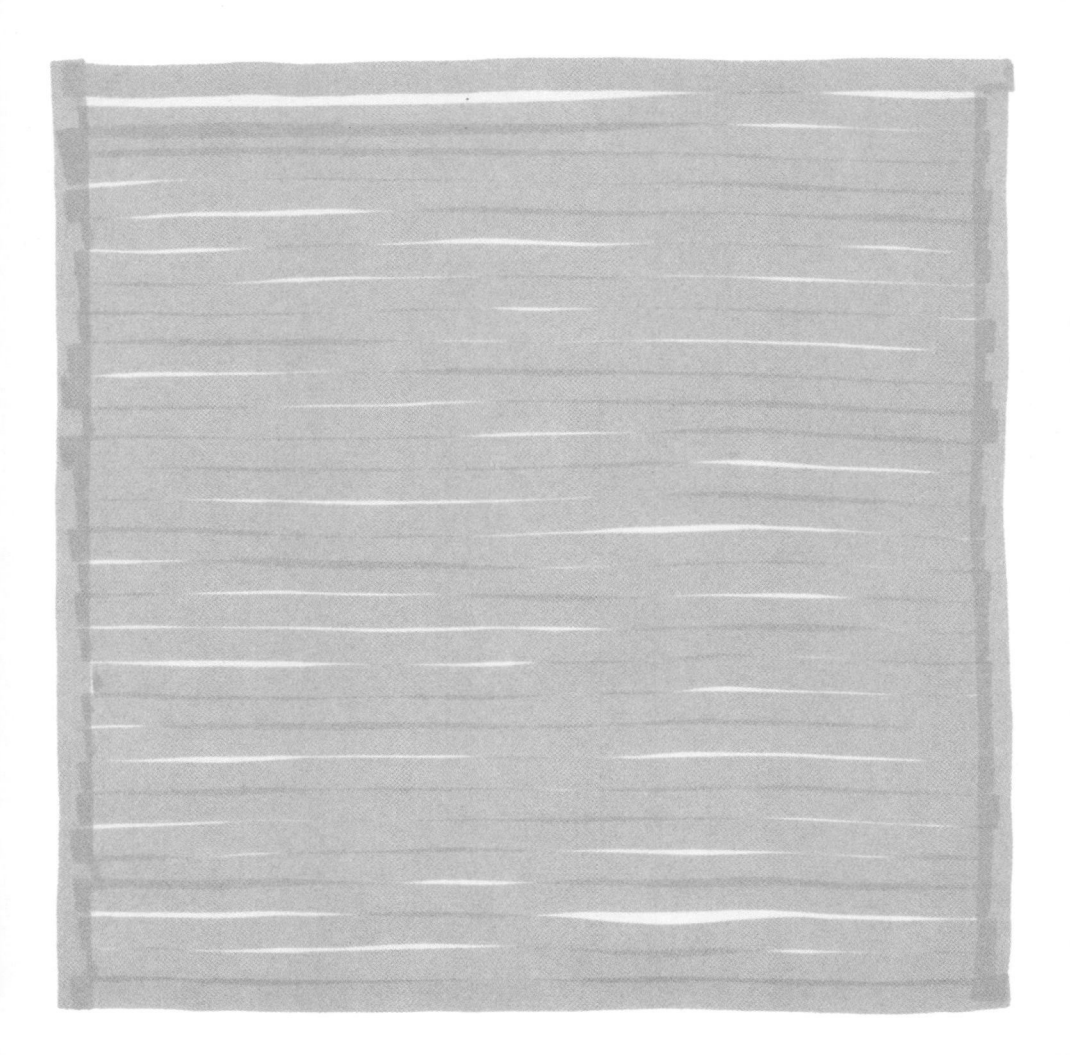

QUESTIONÁRIO DEFINITIVO PARA VOCÊ SE CONHECER DE VERDADE:

1) MARQUE A ALTERNATIVA QUE MAIS TE REPRESENTA:

A. ☐ BOLACHA   ☐ BISCOITO

B. ☐ JANELA   ☐ CORREDOR

C. ☐ CONCHINHA ☐ ESPAÇO

D. ☐ TELEFONE   ☐ MENSAGEM

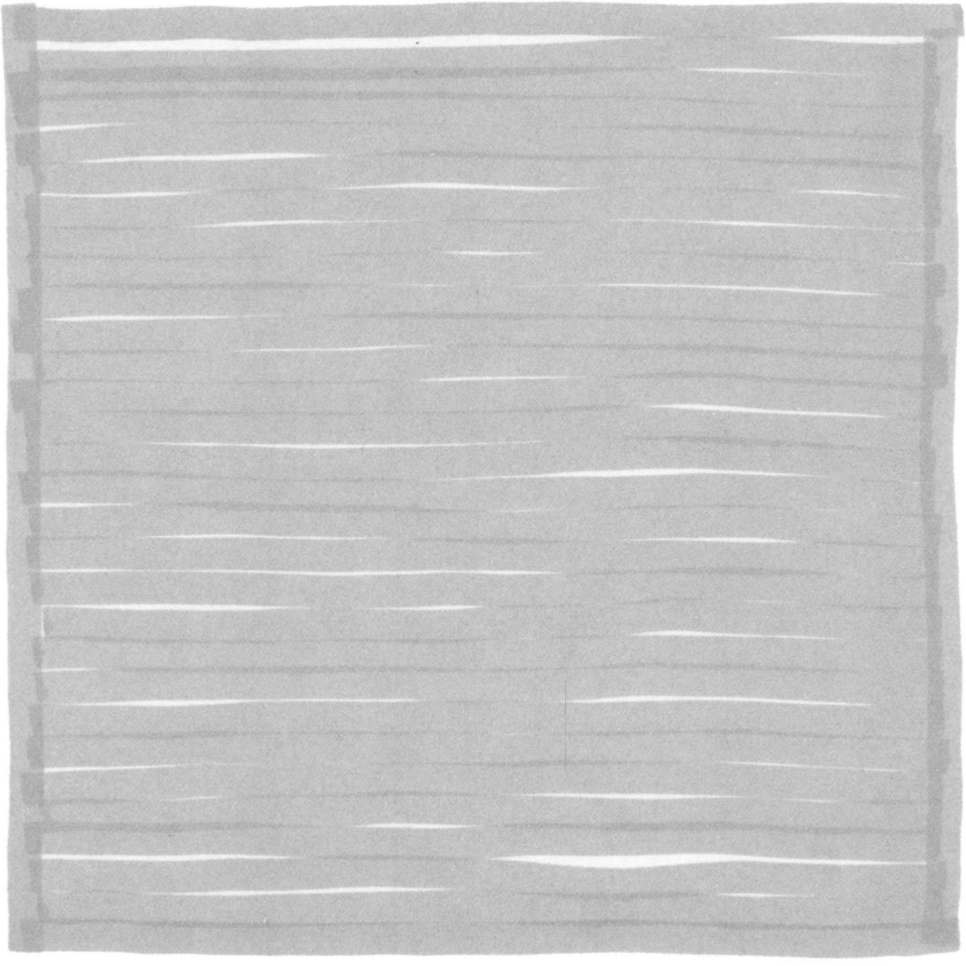

E. ☐ RAZÃO   ☐ EMOÇÃO

F. ☐ PRAIA   ☐ CAMPO

G. ☐ CDF   ☐ FUNDÃO

H. ☐ CARA DE PAU   ☐ TIMIDEZ

I. ☐ DIA   ☐ NOITE

J. ☐ NESCAU   ☐ TODDY

K. ☐ LUZ ACESA   ☐ LUZ APAGADA

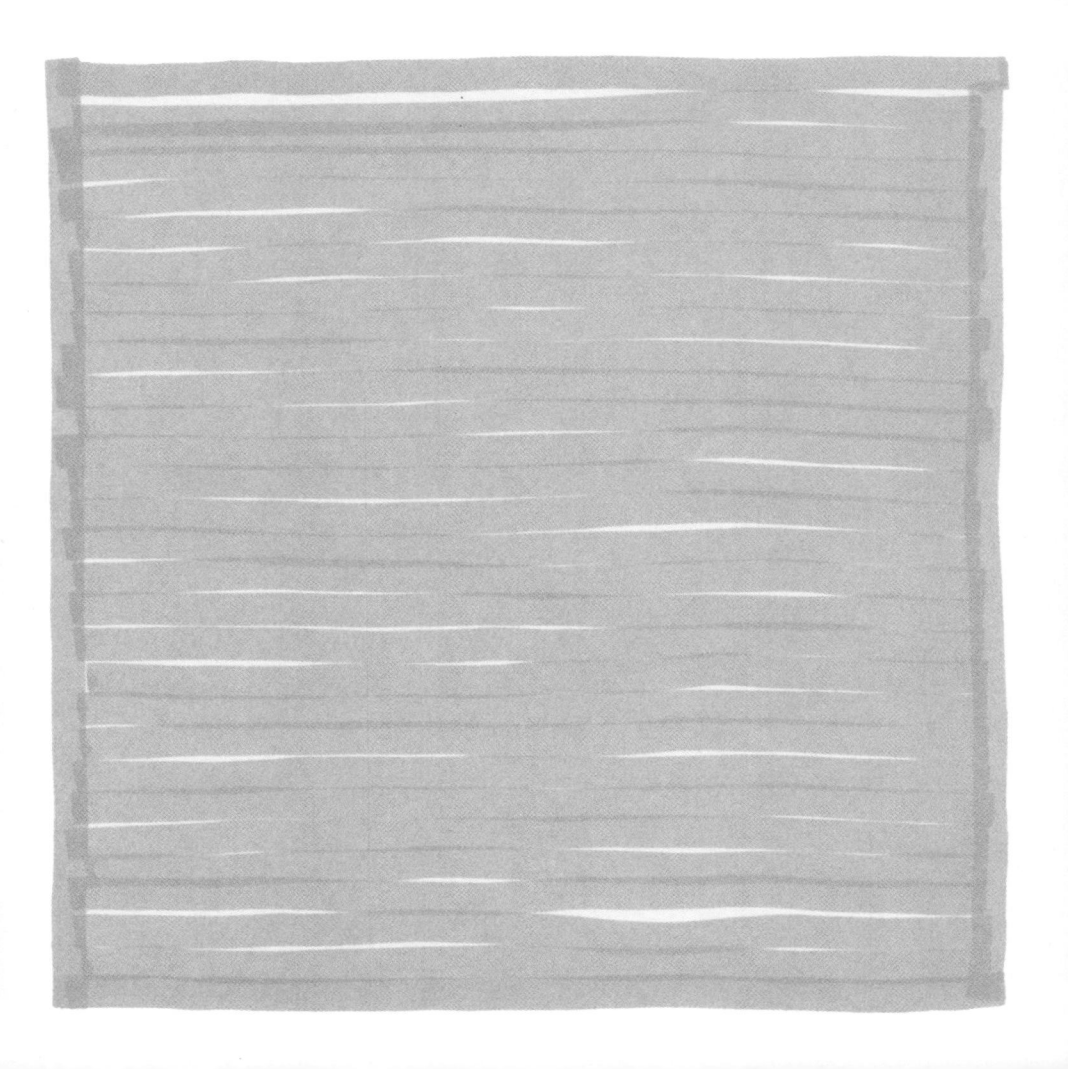

L. ☐ SUNGA   ☐ BERMUDA

M. ☐ BIQUÍNI ☐ MAIÔ

N. ☐ APAGA   ☐ INSÔNIA

O. ☐ DÉBITO   ☐ CRÉDITO

P. ☐ HAHAHA   ☐ RSRSRS

Q. ☐ RAIZ   ☐ NUTELLA

R. ☐ HUMANAS ☐ EXATAS

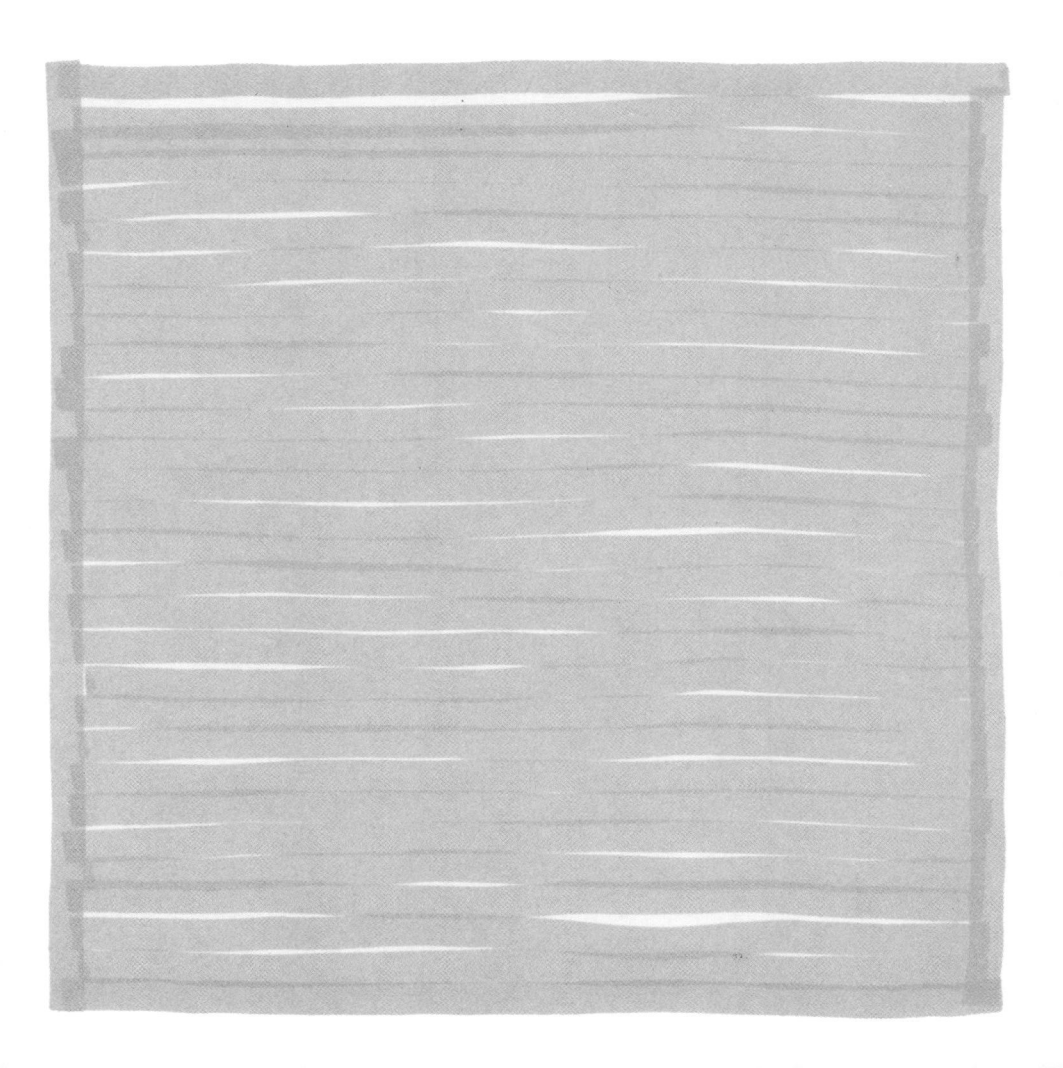

S. ☐ ACORDEI   ☐ +5 MINUTOS

T. ☐ UM BEIJO   ☐ DOIS BEIJOS

U. ☐ PRESENTE   ☐ CARTÃO

V. ☐ RODÍZIO   ☐ À LA CARTE

X. ☐ FAZ AMOR   ☐ FAZ JOGO

W. ☐ IG ABERTO   ☐ IG FECHADO

Y. ☐ SALÃO   ☐ SOCIETY

Z. ☐ O ♡ É A ÚNICA ALTERNATIVA

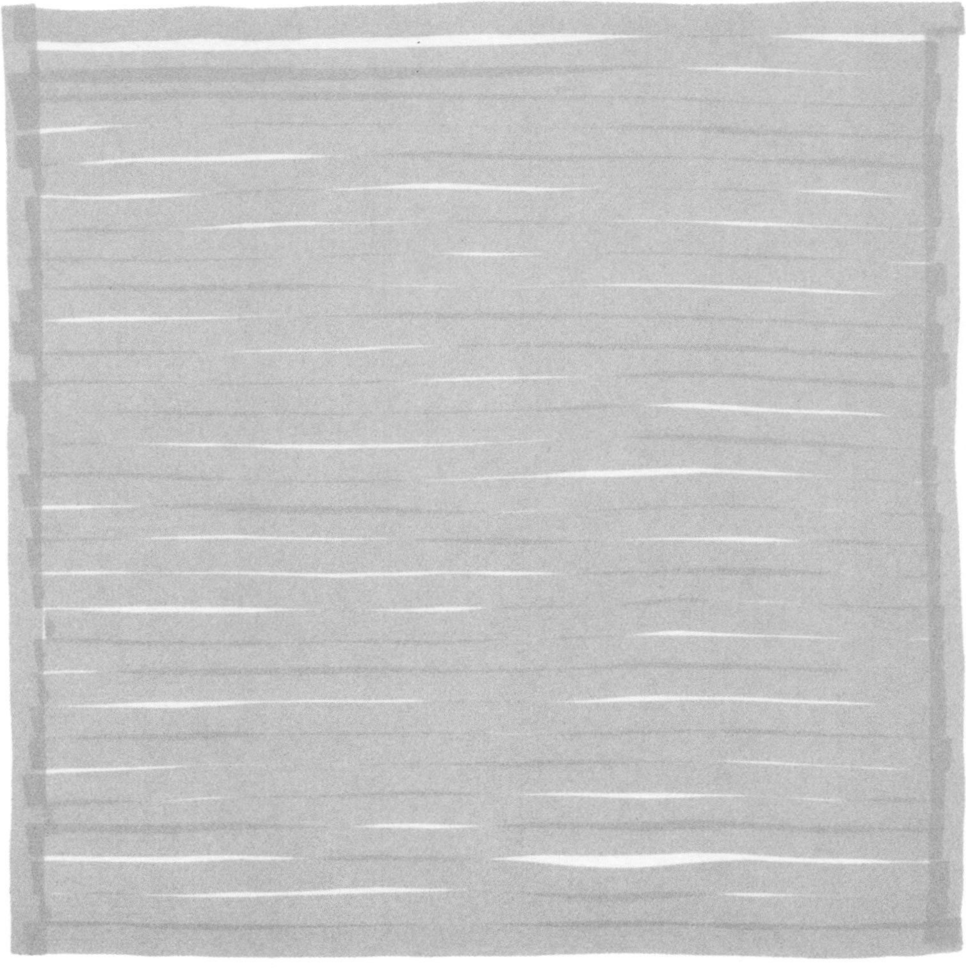

SE ACHA QUE FICOU FALTANDO ALGUMA COISA, COMPLETA AQUI EMBAIXO E ME MANDA UMA FOTO DEPOIS, TÁ BEM?

A. ☐ ☐

B. ☐ ☐

C. ☐ ☐

D. ☐ ☐

E. ☐ ☐

② MARQUE A SUA ESCALA DE 0 A 10:

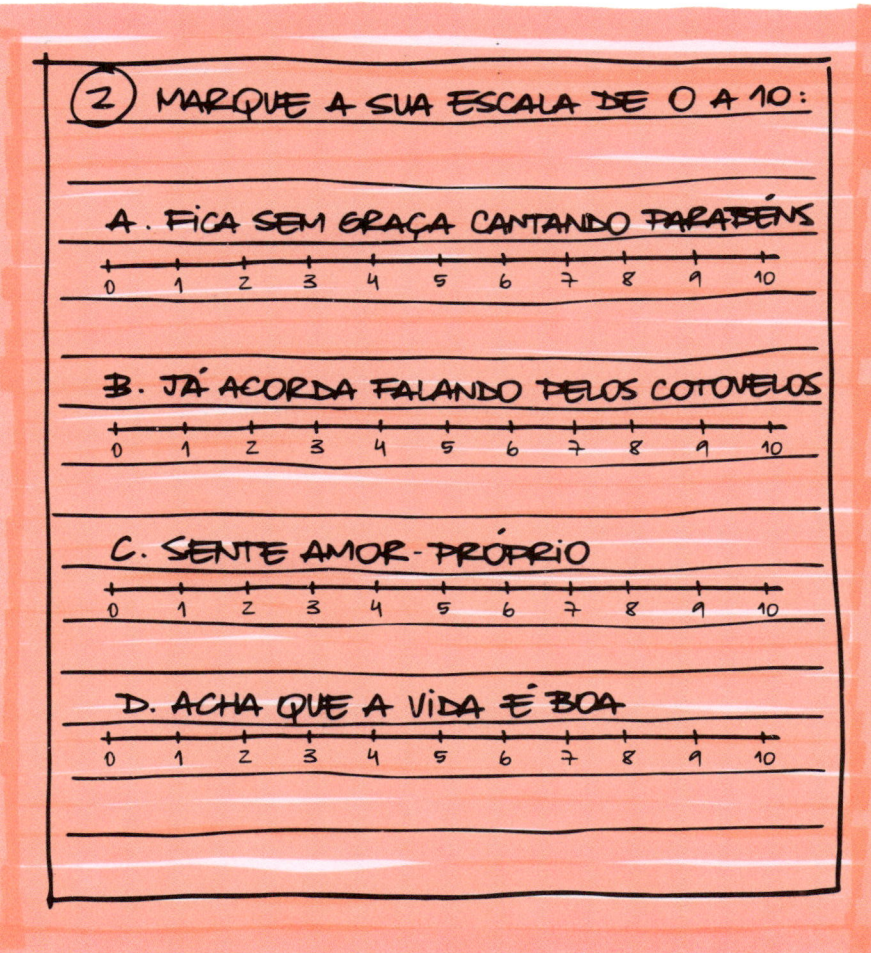

A. FICA SEM GRAÇA CANTANDO PARABÉNS

0 1 2 3 4 5 6 7 8 9 10

B. JÁ ACORDA FALANDO PELOS COTOVELOS

0 1 2 3 4 5 6 7 8 9 10

C. SENTE AMOR-PRÓPRIO

0 1 2 3 4 5 6 7 8 9 10

D. ACHA QUE A VIDA É BOA

0 1 2 3 4 5 6 7 8 9 10

E. CHORA VENDO FILME

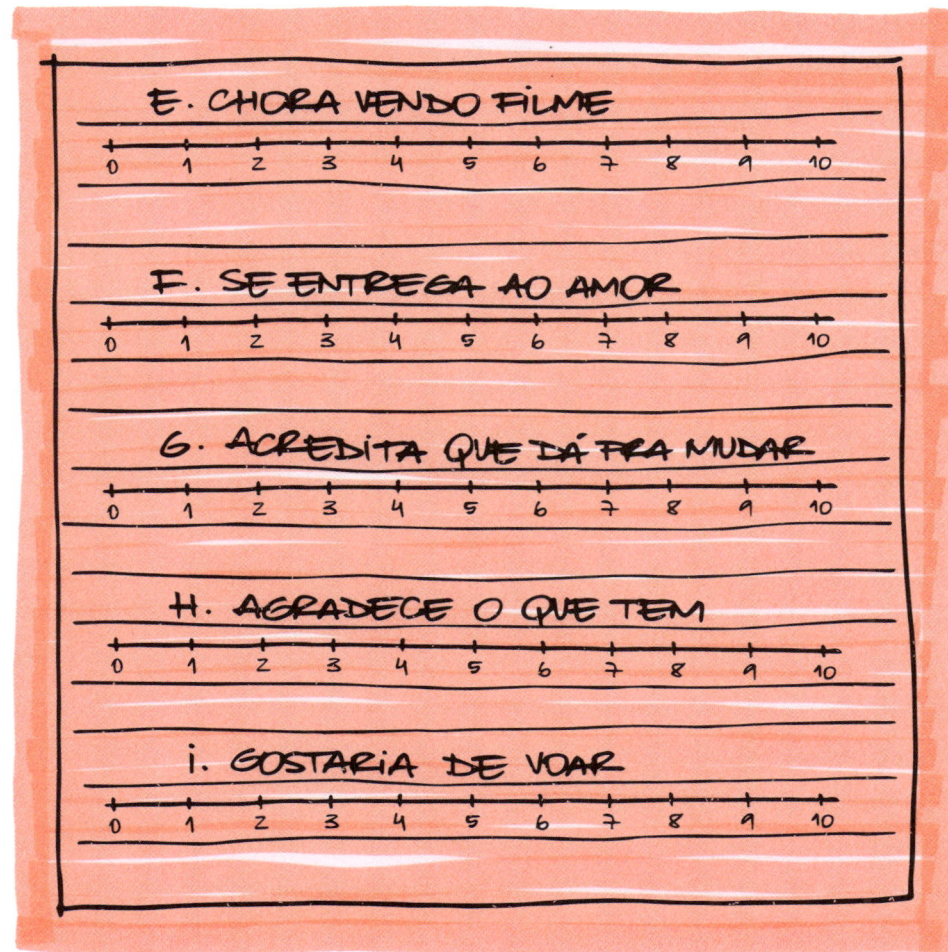

0 — 1 — 2 — 3 — 4 — 5 — 6 — 7 — 8 — 9 — 10

F. SE ENTREGA AO AMOR

0 — 1 — 2 — 3 — 4 — 5 — 6 — 7 — 8 — 9 — 10

G. ACREDITA QUE DÁ PRA MUDAR

0 — 1 — 2 — 3 — 4 — 5 — 6 — 7 — 8 — 9 — 10

H. AGRADECE O QUE TEM

0 — 1 — 2 — 3 — 4 — 5 — 6 — 7 — 8 — 9 — 10

I. GOSTARIA DE VOAR

0 — 1 — 2 — 3 — 4 — 5 — 6 — 7 — 8 — 9 — 10

③ RESPONDA SOBRE VOCÊ:

A. QUALIDADE + BONITA

B. DEFEITO + TENSO

C. MANIA + ENGRAÇADA

D. MEDO + ASSUSTADOR

E. DIA + FELIZ

F. SAUDADE + APERTADA

G. FILME + ESPECIAL

H. MÚSICA + CANTADA

I. NOITE + QUENTE

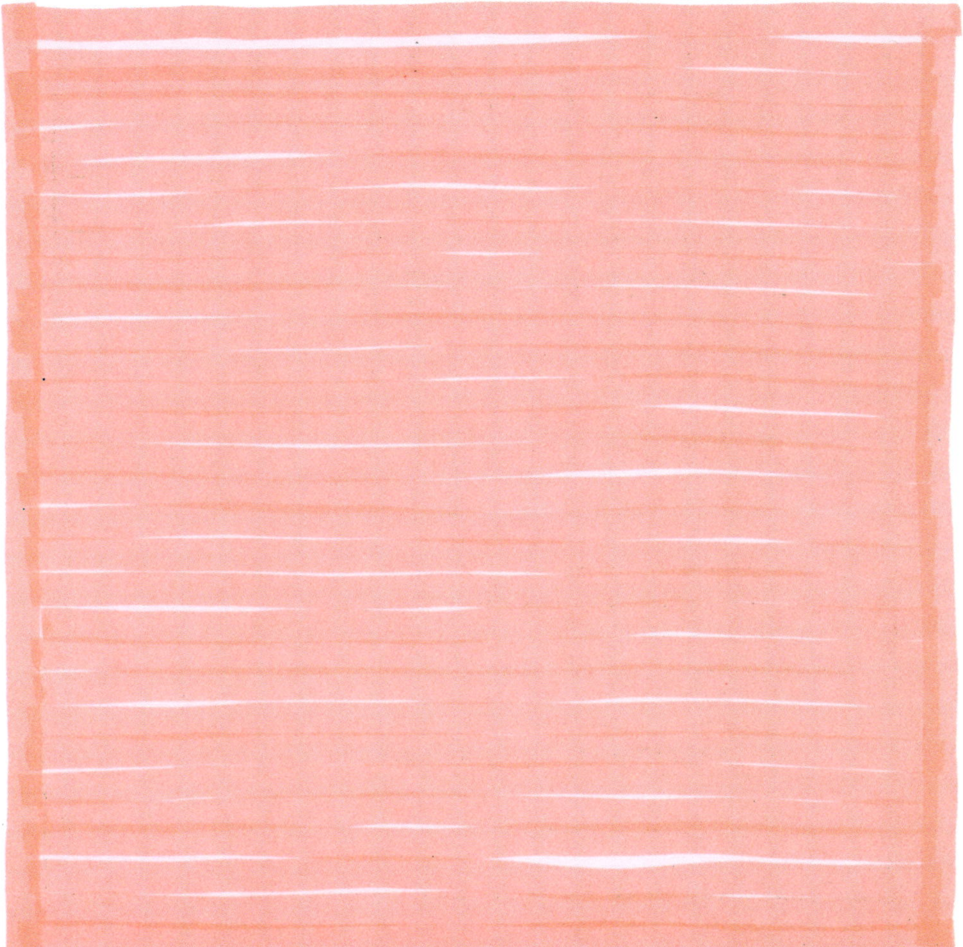

4) COMPLETE COM UMA PALAVRA:

A. AMOR =
B. FELICIDADE =
C. SAUDADE =
D. UM CARTÃO =
E. VOCÊ =
F. DESTINO =
G. ARTE =
H. ENERGIA =
I. ORGULHO =
J. SENTIMENTO =
K. GRATIDÃO =
L. VIDA =

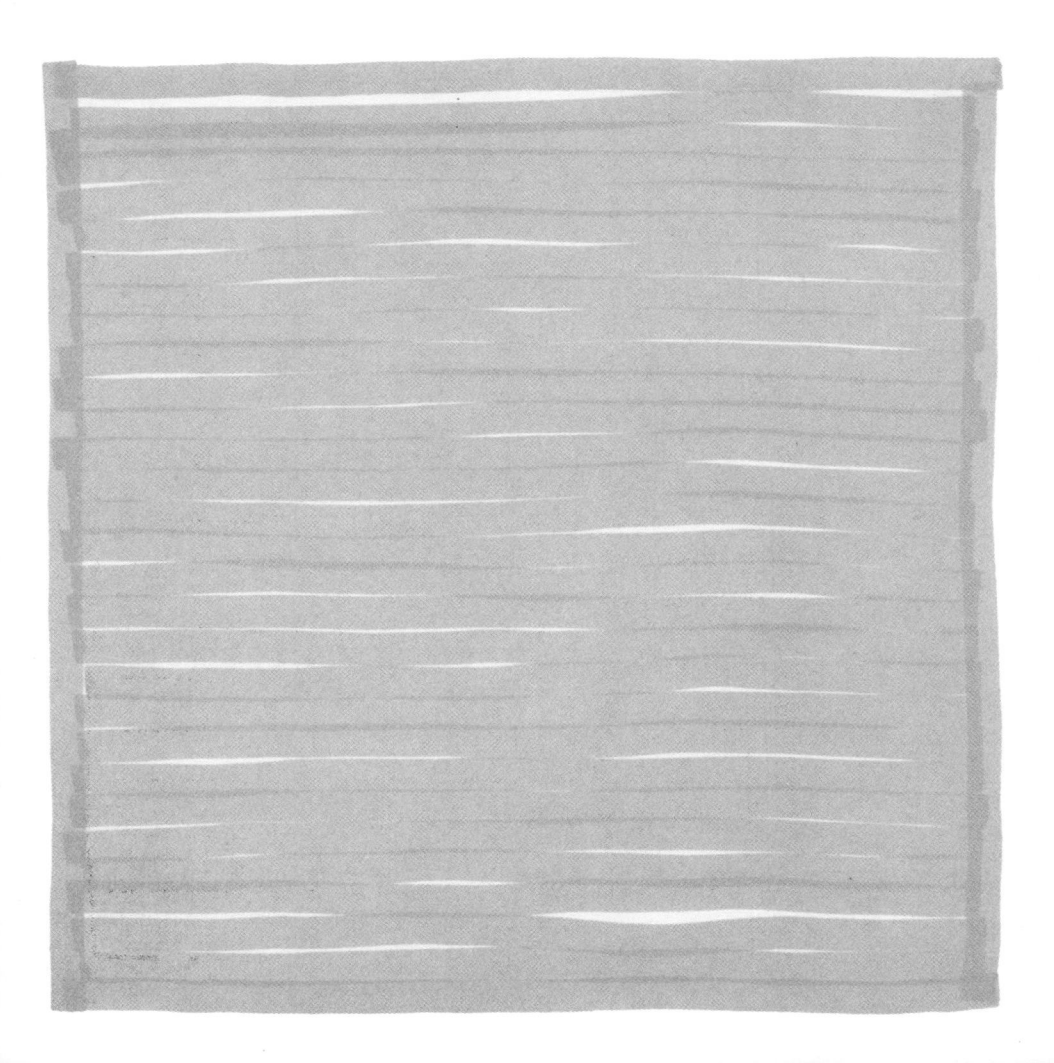

5) O QUE VOCÊ MUDARIA ... ?

A. NO SEU CORPO

B. NA SUA ALMA

C. NA SUA CASA

D. NO SEU TRABALHO

E. NO SEU BAIRRO

F. NO SEU PAÍS

G. NO SEU PASSADO

H. NA SUA VIDA

I. NO SEU GUARDA-ROUPA

J. NO SEU TEMPERAMENTO

K. NA SUA SEMANA

L. NO SEU DIA

M. PARA SEMPRE

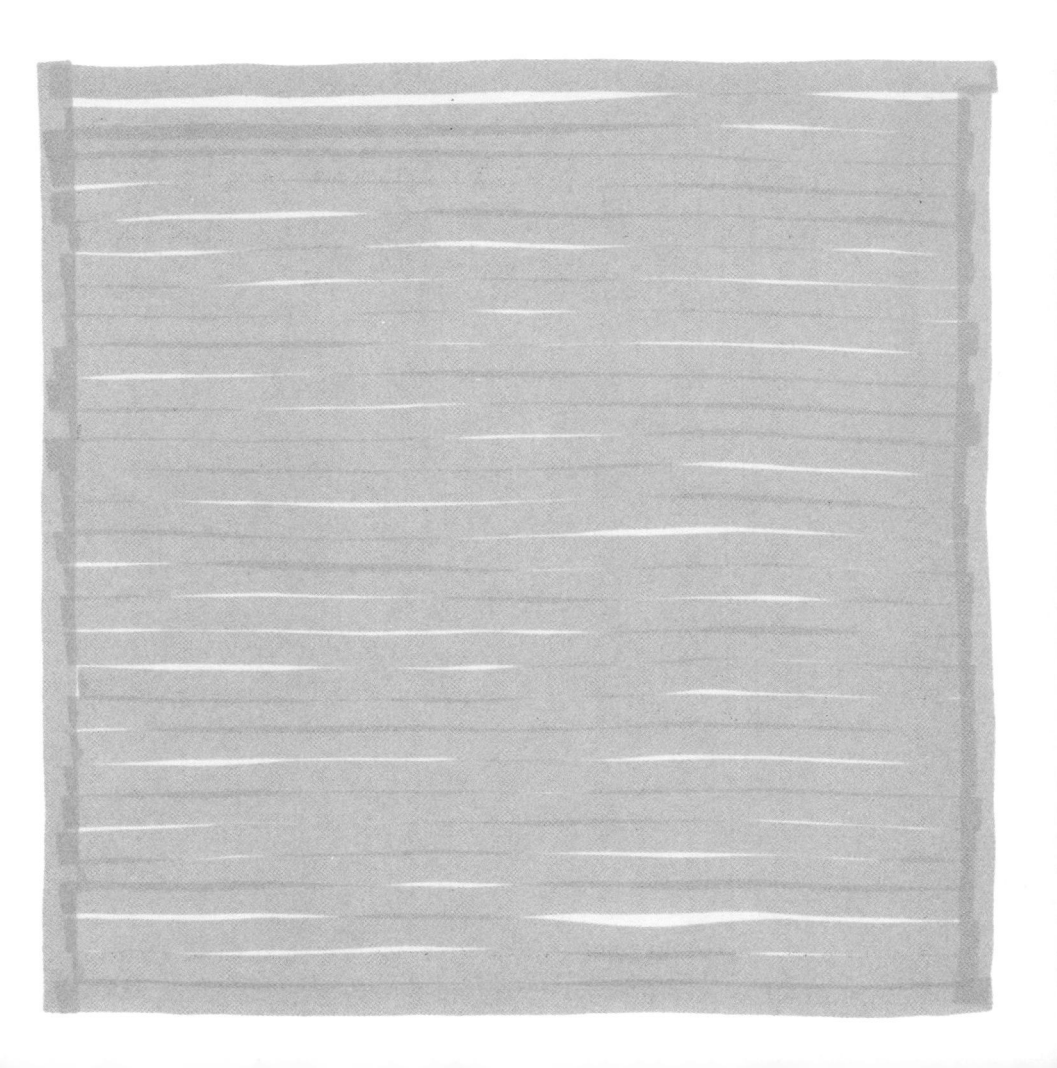

6) DO QUE VOCÊ SENTE + ORGULHO DE JÁ TER FEITO?

⑦ ONDE VOCÊ GOSTARIA DE ESTAR AGORA? POR QUÊ?

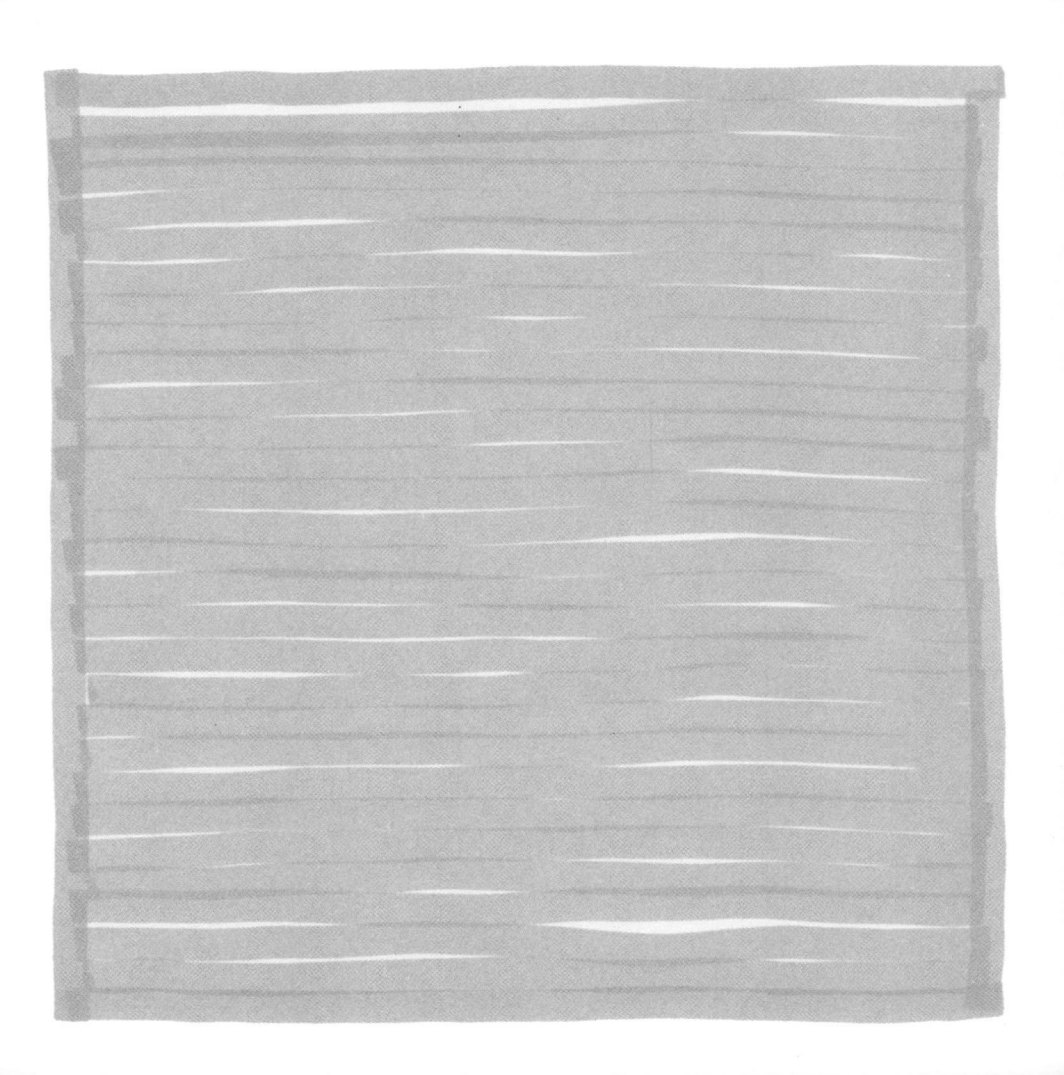

⑧ QUAL DOS DIAS DA SUA VIDA QUE VOCÊ GOSTARIA DE VIVER DE NOVO?

(9) O QUE ESTARIA NO CARTÃO QUE CONTARIA A HISTÓRIA DA SUA VIDA?

10) SE QUISER ME CONTAR + SOBRE QUEM É VOCÊ OU SOBRE AS COISAS QUE VOCÊ ACREDITA, ME ESCREVE, TÁ BEM?

UM CARTÃO
RUA VISCONDE DE PIRAJÁ, 495
WEWORK IPANEMA
IPANEMA - RIO DE JANEIRO - RJ
CEP: 22.410-002

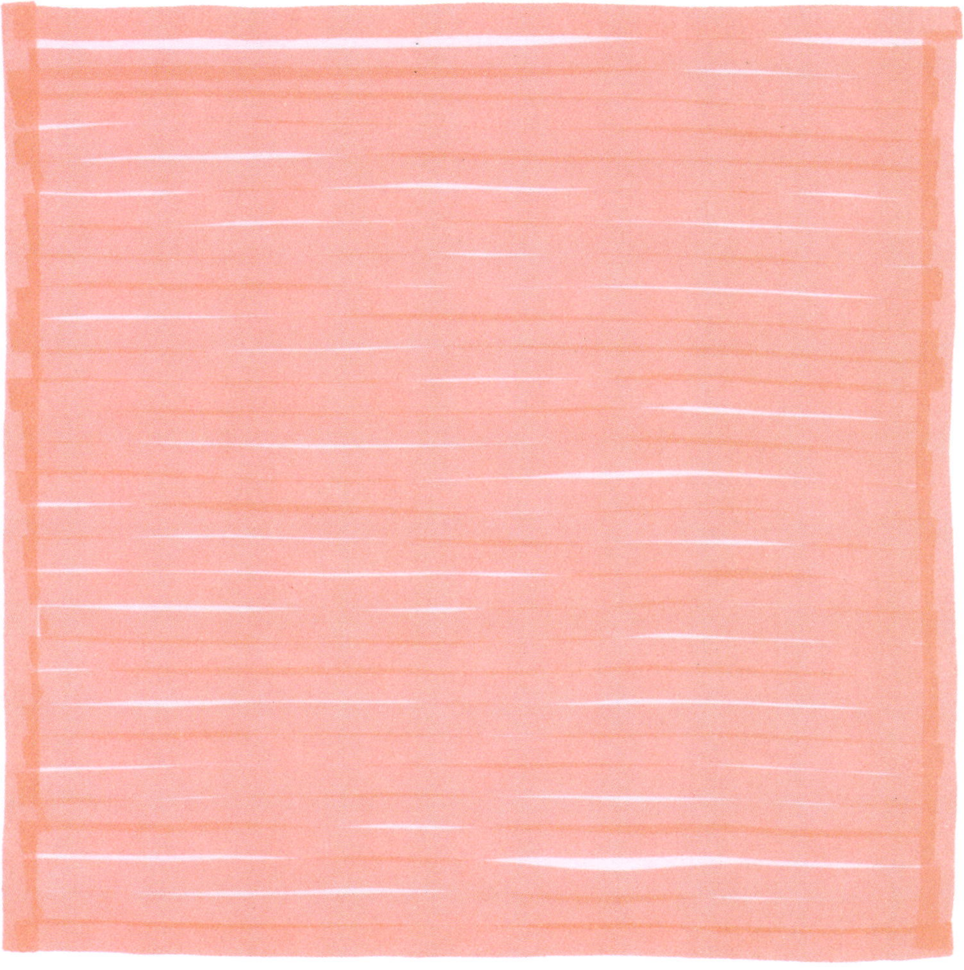

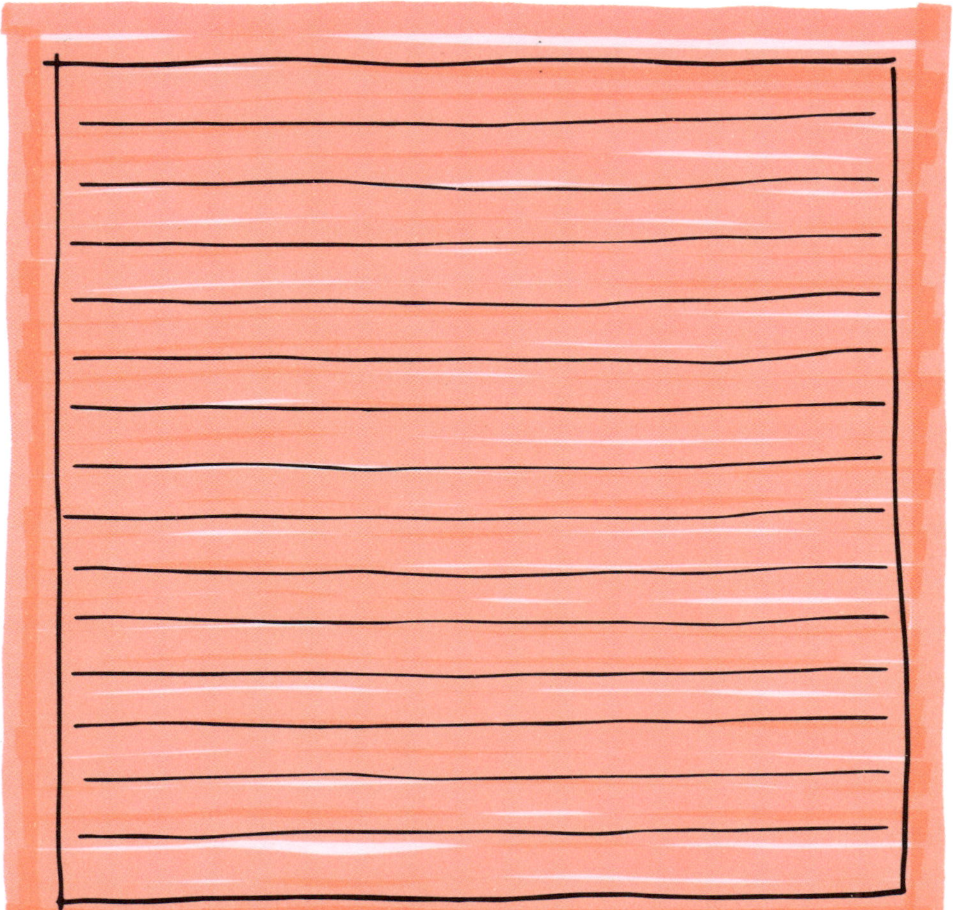

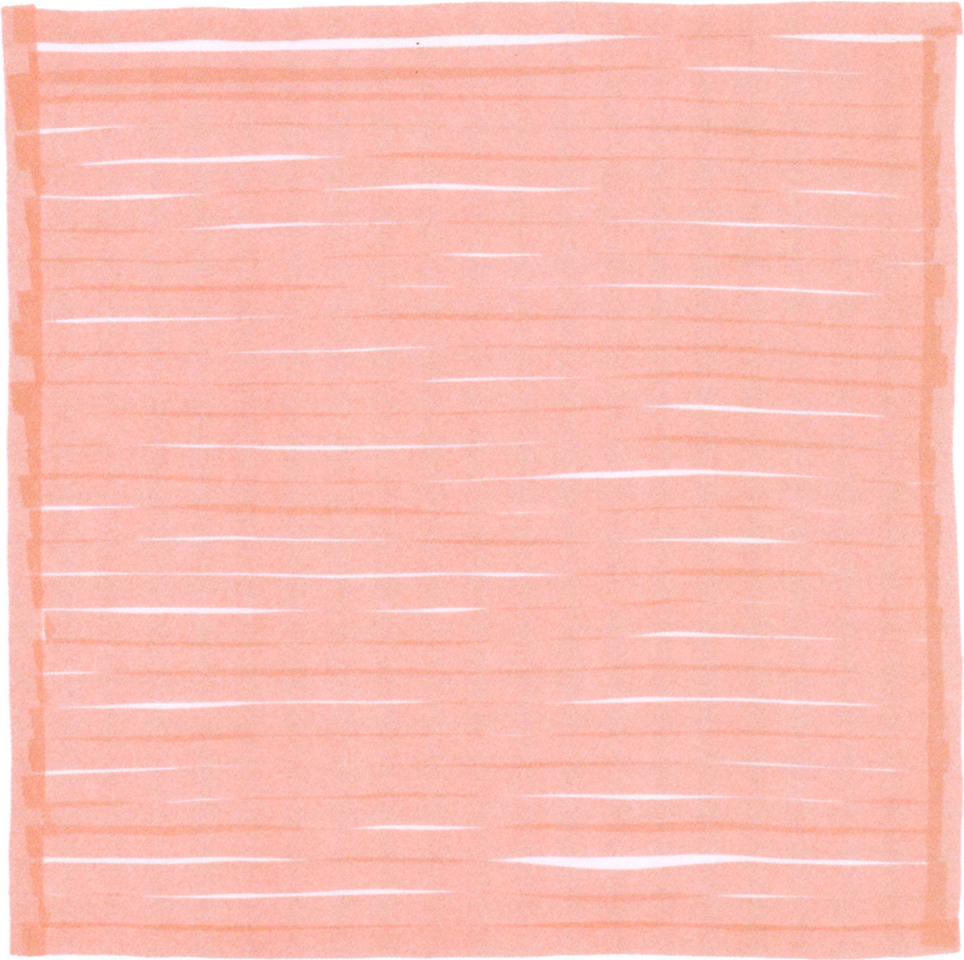

AS NOSSAS ESCOLHAS
NOS TORNAM ÚNICOS E
REALMENTE ESPECIAIS.

SE ORGULHE DE SER
QUEM VOCÊ É!

completar e criar junto

Completion & vice versa

PINTE O SEU DIA.

E A SUA NOITE.

DESENHE AQUI QUEM VOCÊ É POR DENTRO:

E AQUI QUEM VOCÊ É POR FORA :

PARA OS DIAS DE CHUVA:				
NOME	C.E.P	COR	FRUTA	ANIMAL

FILME	ARTISTA	TIME	MARCA	TOTAL

PARA AS NOITES DE JOGOS:

NÓS	ELES

NÓS	ELES

NÓS	ELES

NÓS	ELES

NÓS	ELES

NÓS	ELES

PARA AS NOITES DE JOGOS:

NÓS	ELES

NÓS	ELES

NÓS	ELES

NÓS	ELES

NÓS	ELES

NÓS	ELES

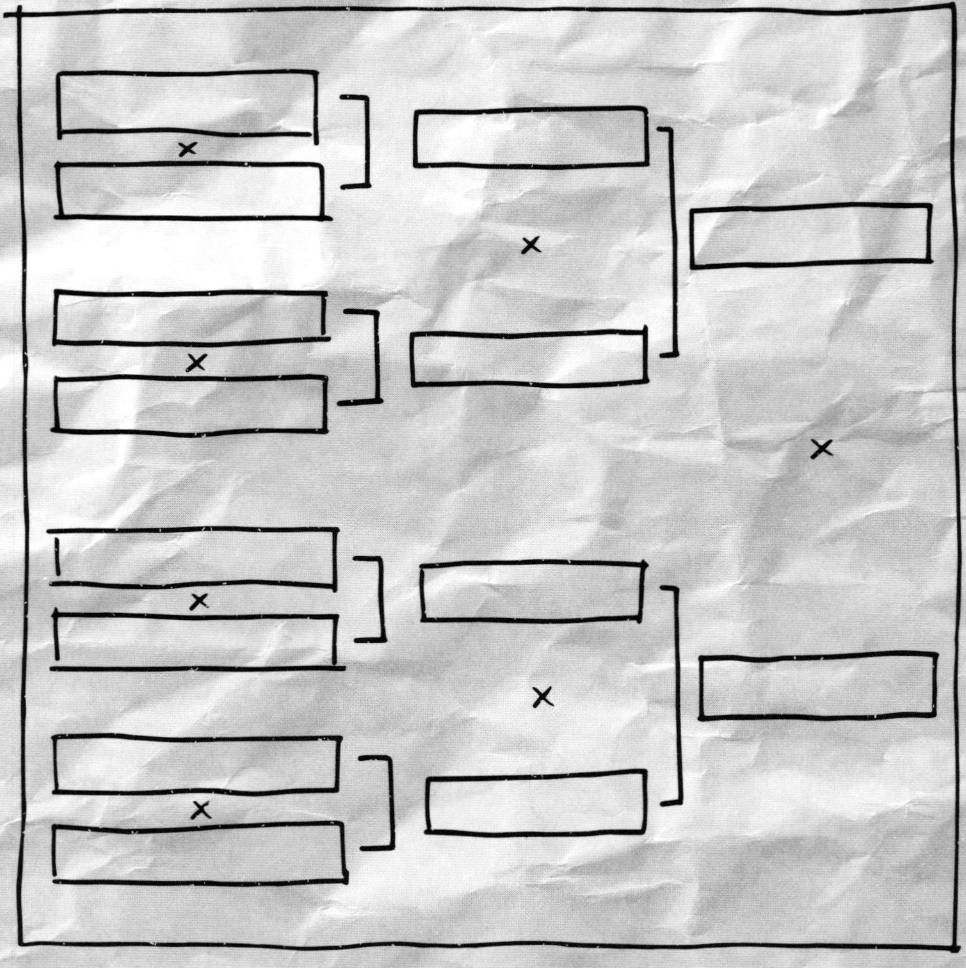

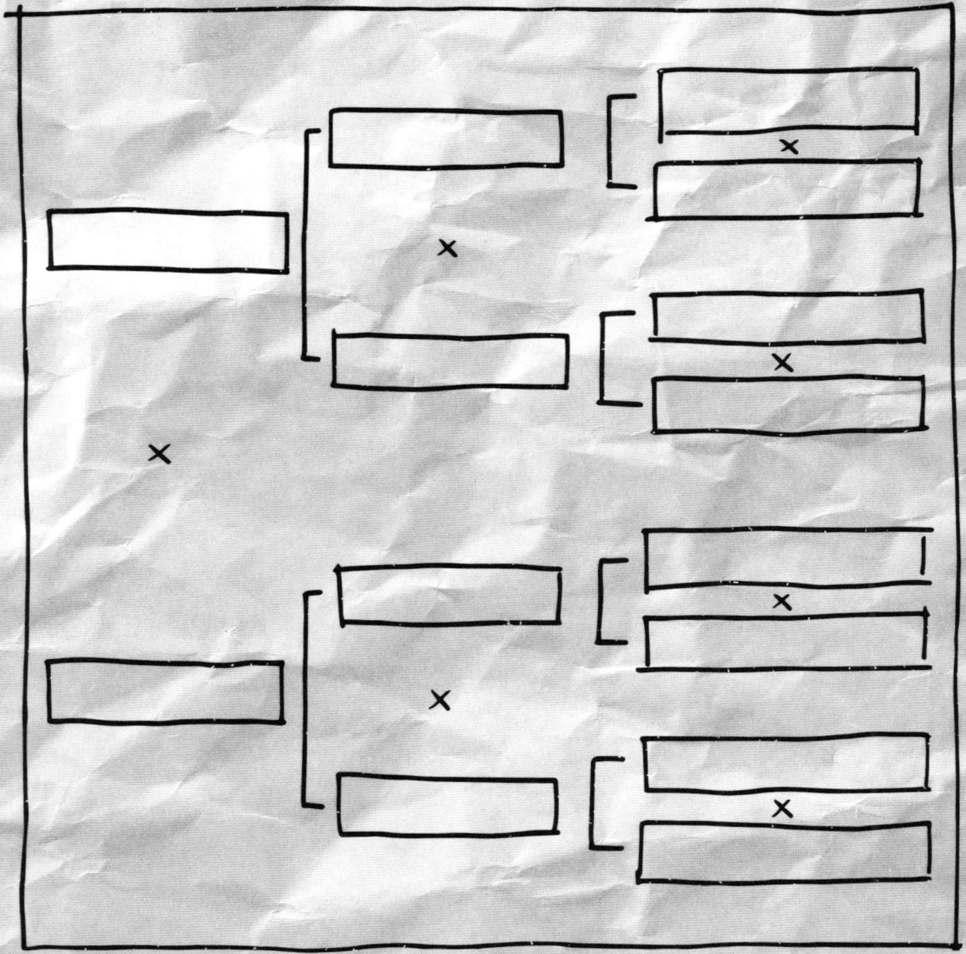

desenhos infantis para colorir e relaxar:

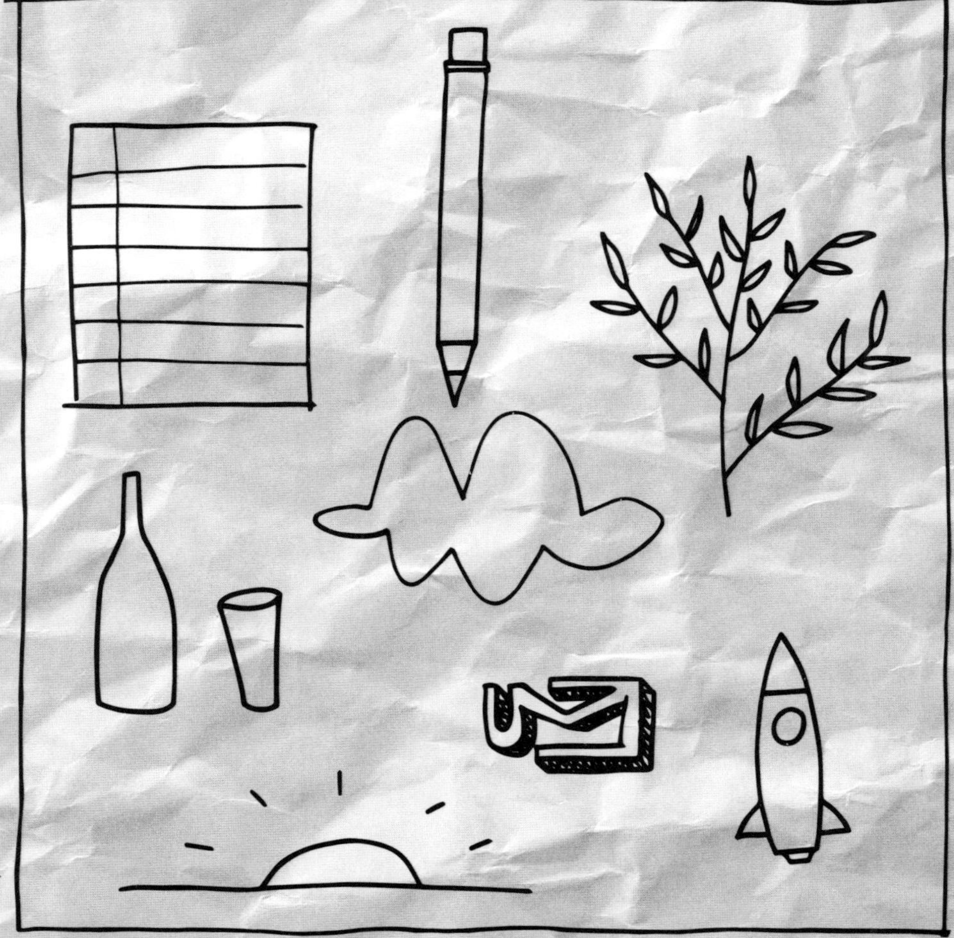

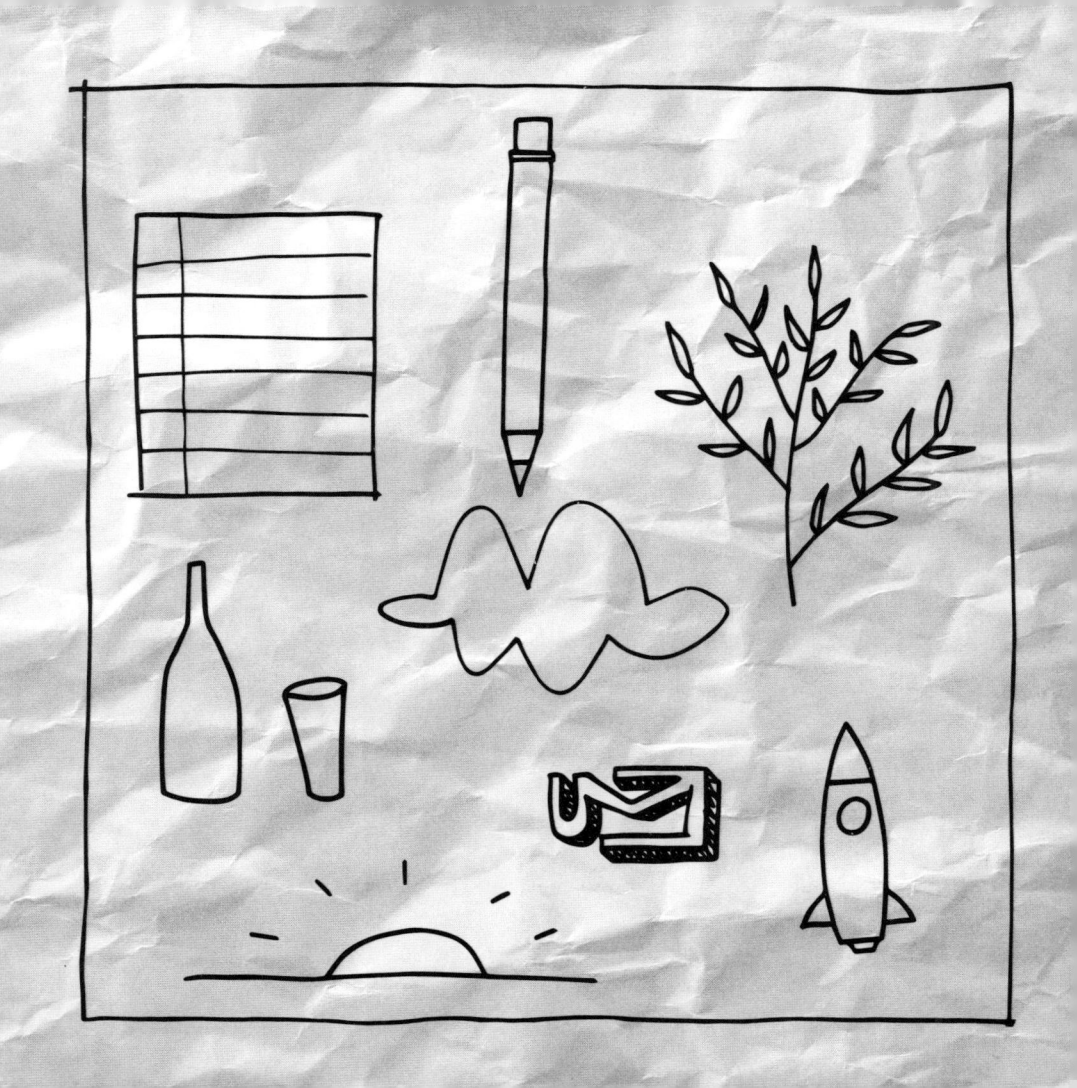

tela para você também criar as suas obras de arte:

dias tristes
fazem parte
de uma vida feliz.

e as noites frias
não duram para sempre.

CRIE AS NOTÍCIAS + FELIZES:

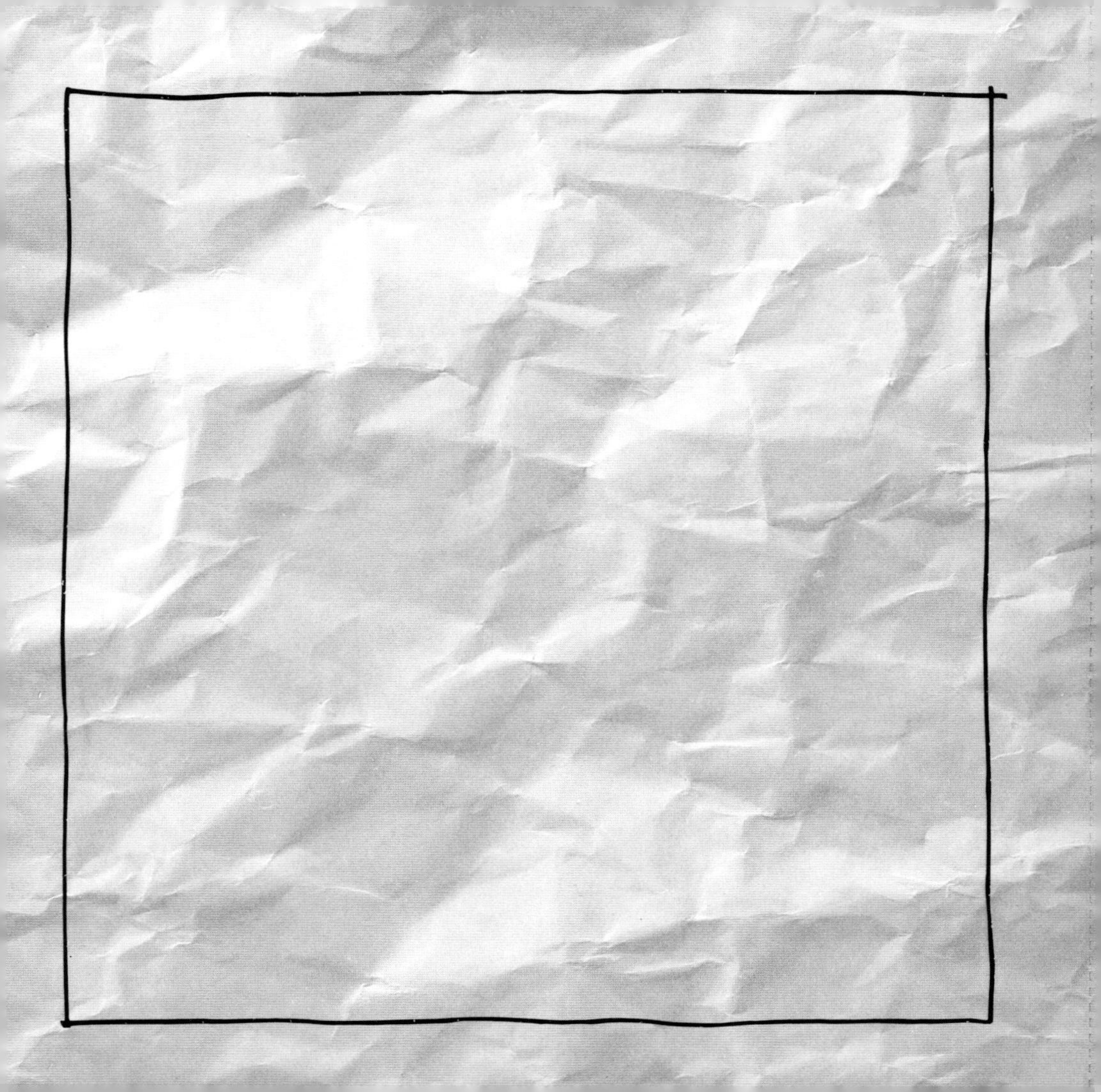

E AS + HILÁRIAS:

PARA VOCÊ CRIAR OS SEUS CARTÕES JUNTO COMIGO:

PARA VOCÊ CRIAR OS SEUS CARTÕES JUNTO COMIGO:

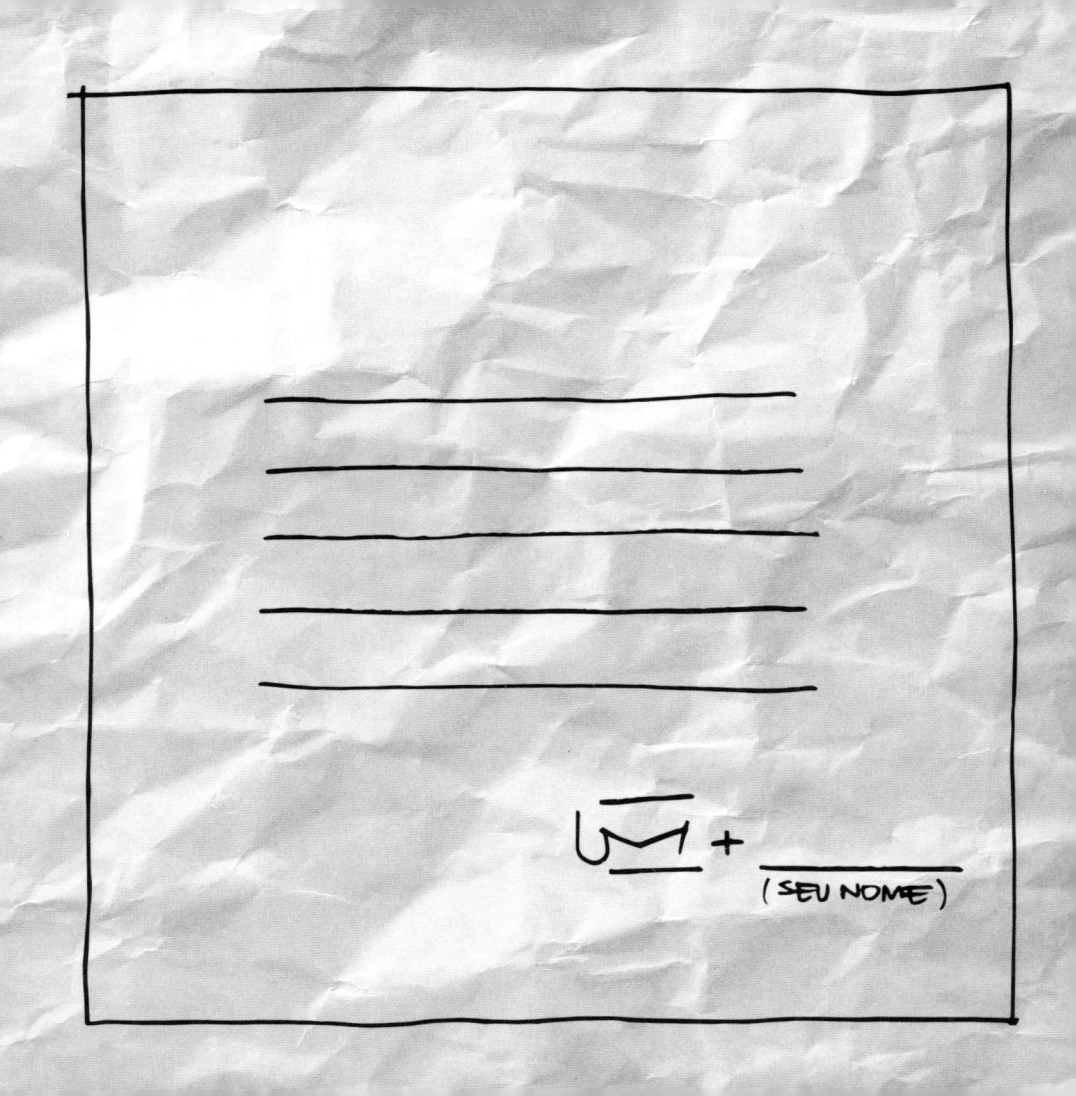

_____
_____
_____
_____
_____

U̱M̱ + _____
      (SEU NOME)

_____
(LEGENDA)

UM + _____
     (SEU NOME)

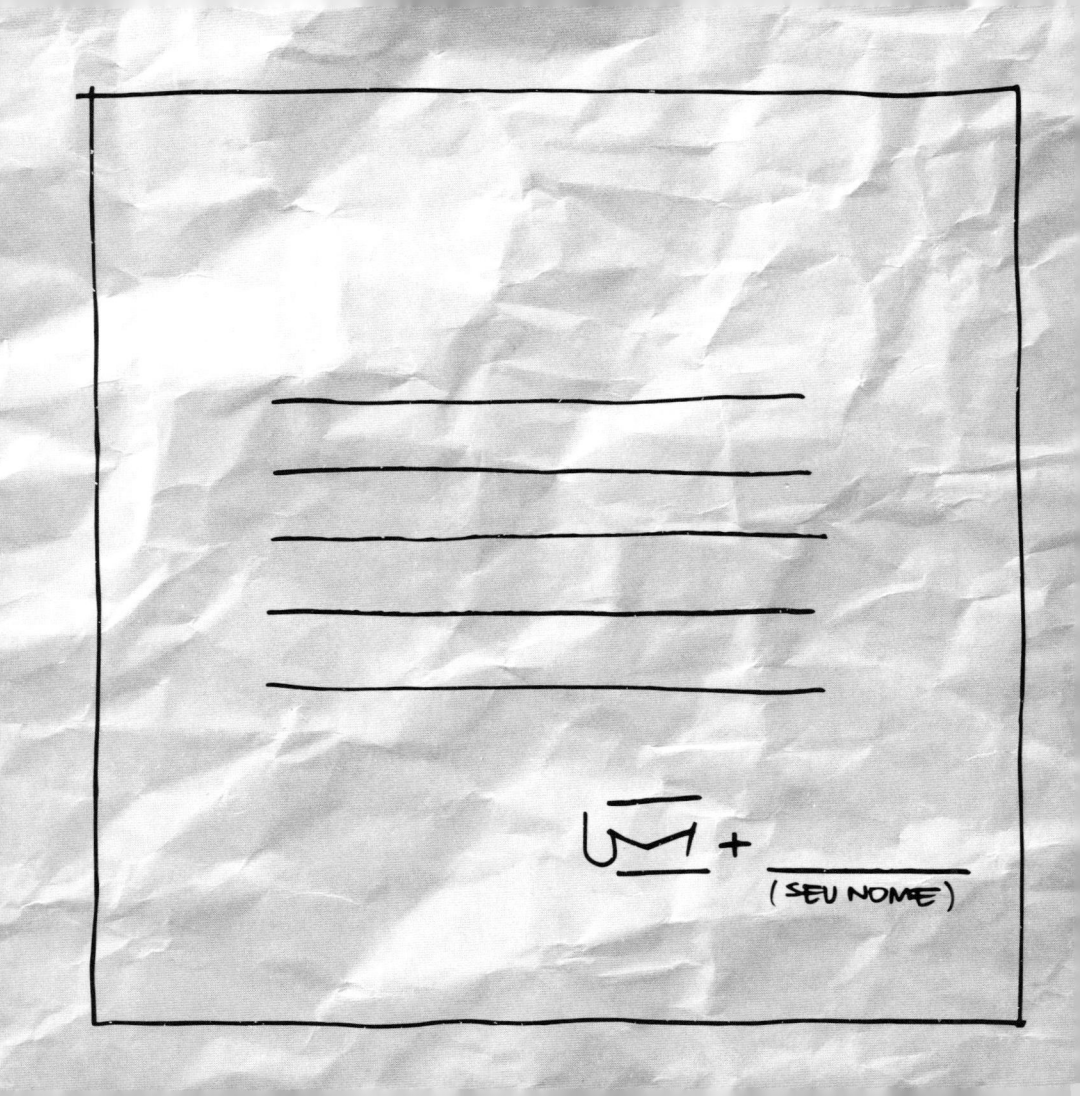

_____
(LEGENDA)

UM +
(SEU NOME)

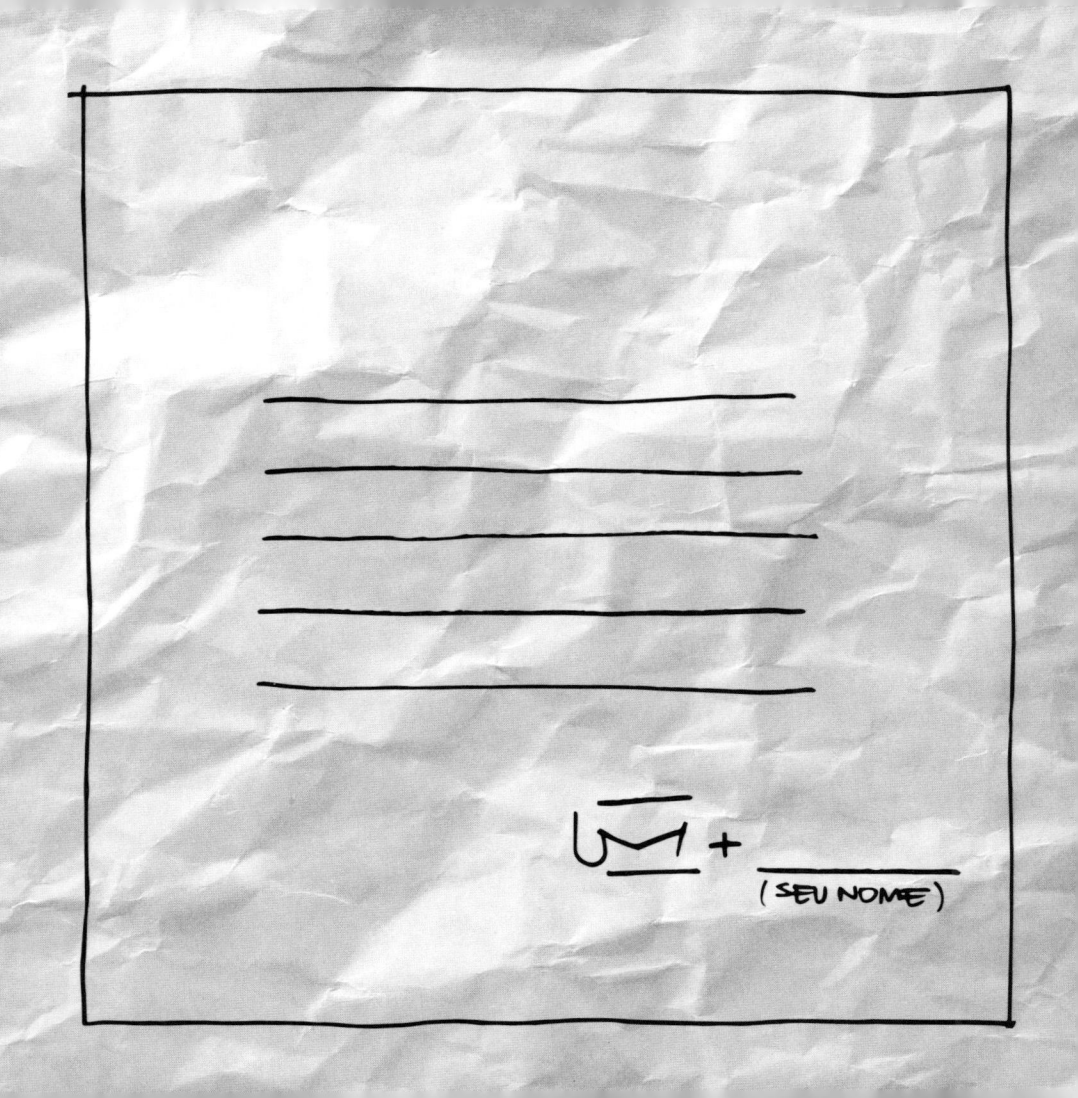

(LEGENDA)

UM + _____
        (SEU NOME)

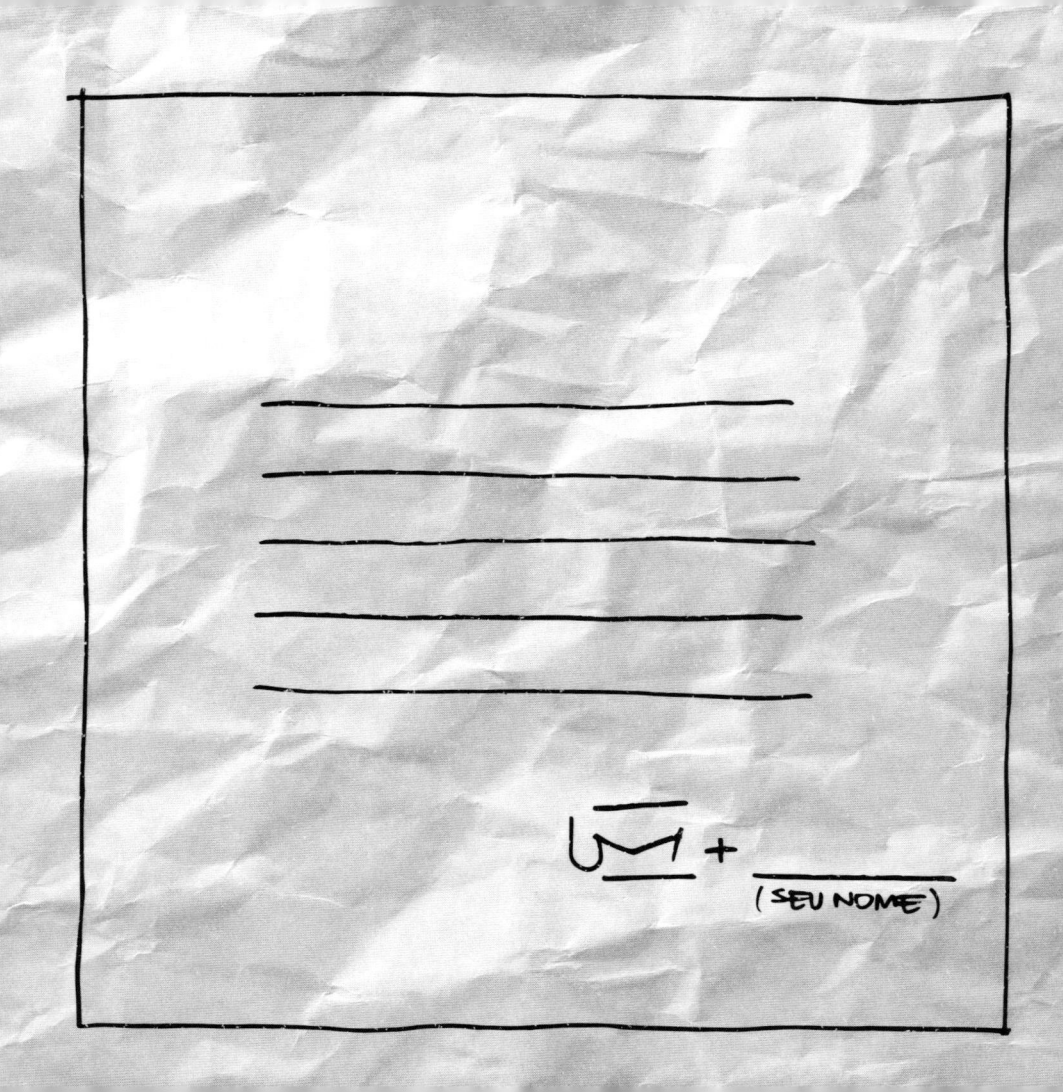

(LEGENDA)

UM + _____
     (SEU NOME)

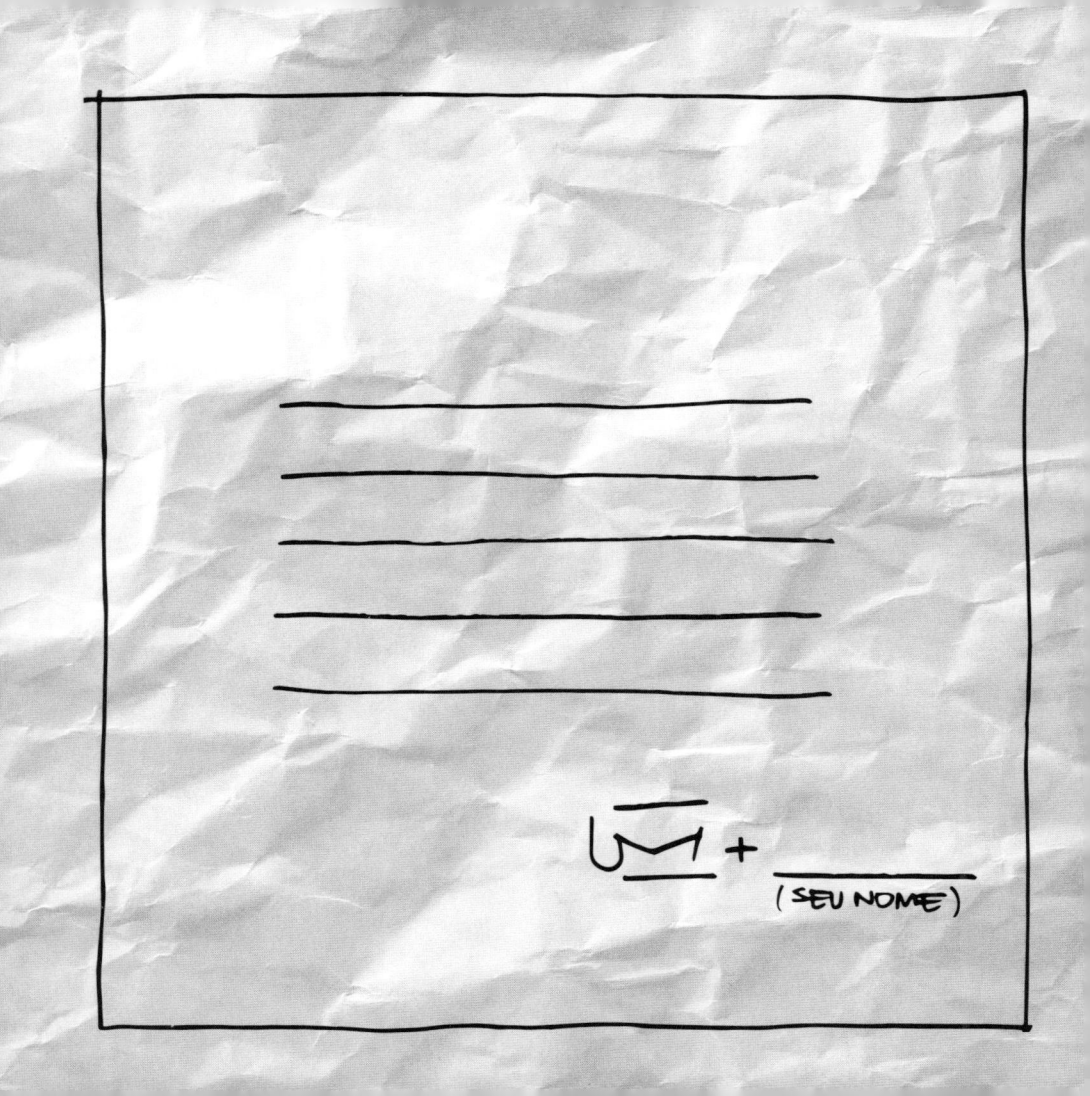

─────────── (LEGENDA)

ESPAÇO PARA AS SUAS IDEIAS INCRÍVEIS:

PARA OS SEUS SONHOS MIRABOLANTES:

E PARA OS SEUS PROJETOS SECRETOS:

tem também para os seus rascunhos:

e rabiscor :

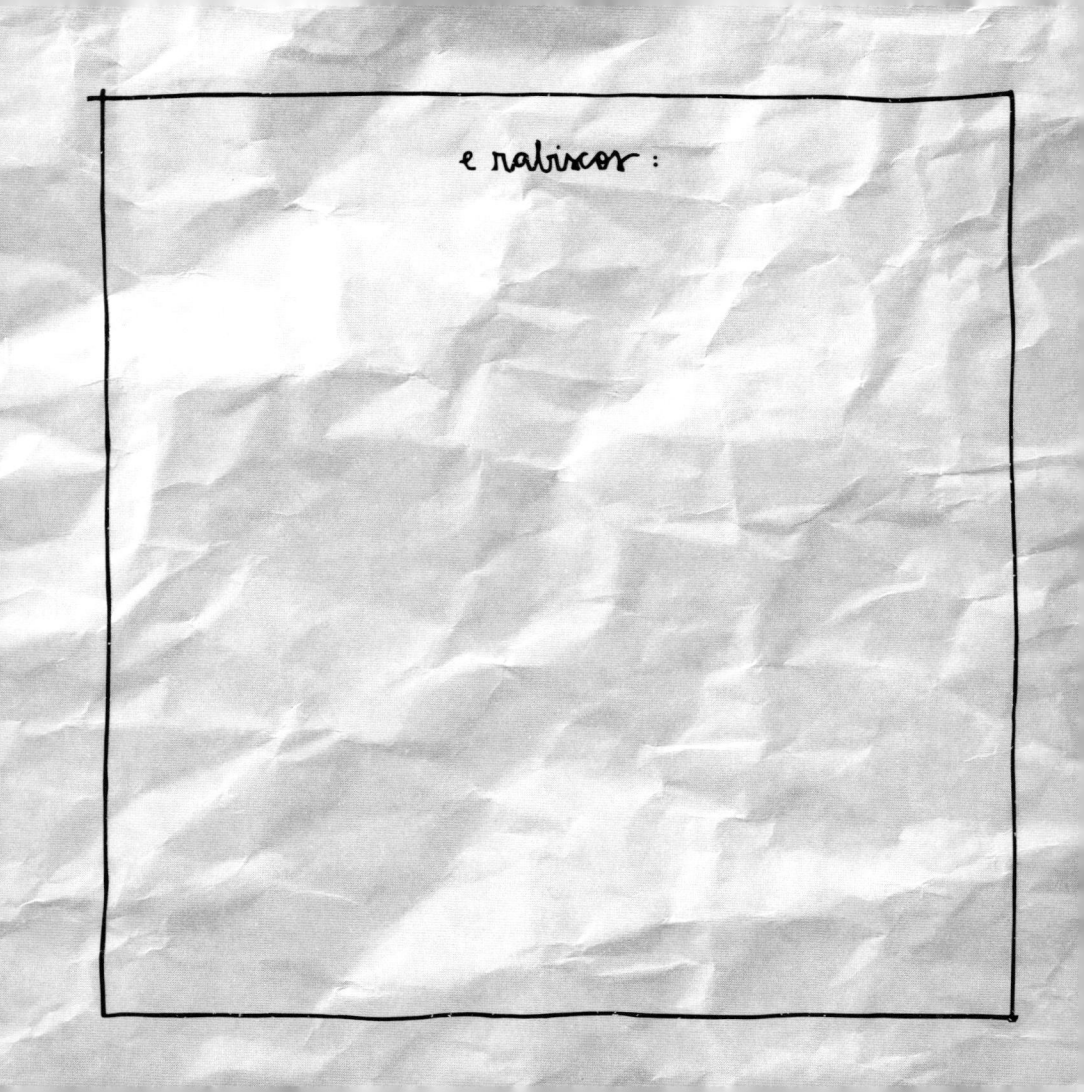

é sério! deixe a sua criatividade ~~fluir~~ livre e não tenha medo de errar, tá?

pensar na vida

pensar na vida

O MELHOR DA VIDA
CONTINUA SENDO
DE GRAÇA.

FAÇA MAIS COISAS POR VOCÊ.

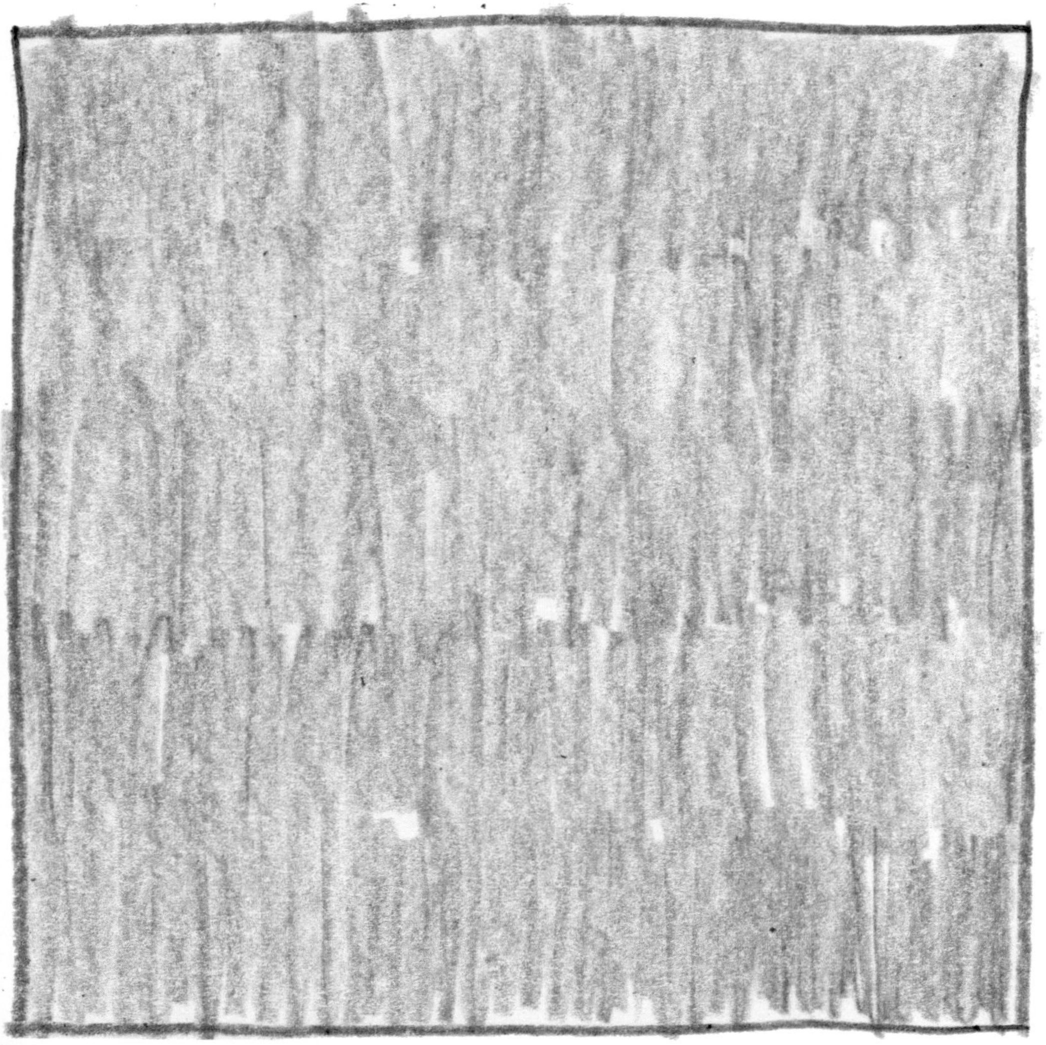

use as palavras para curar.

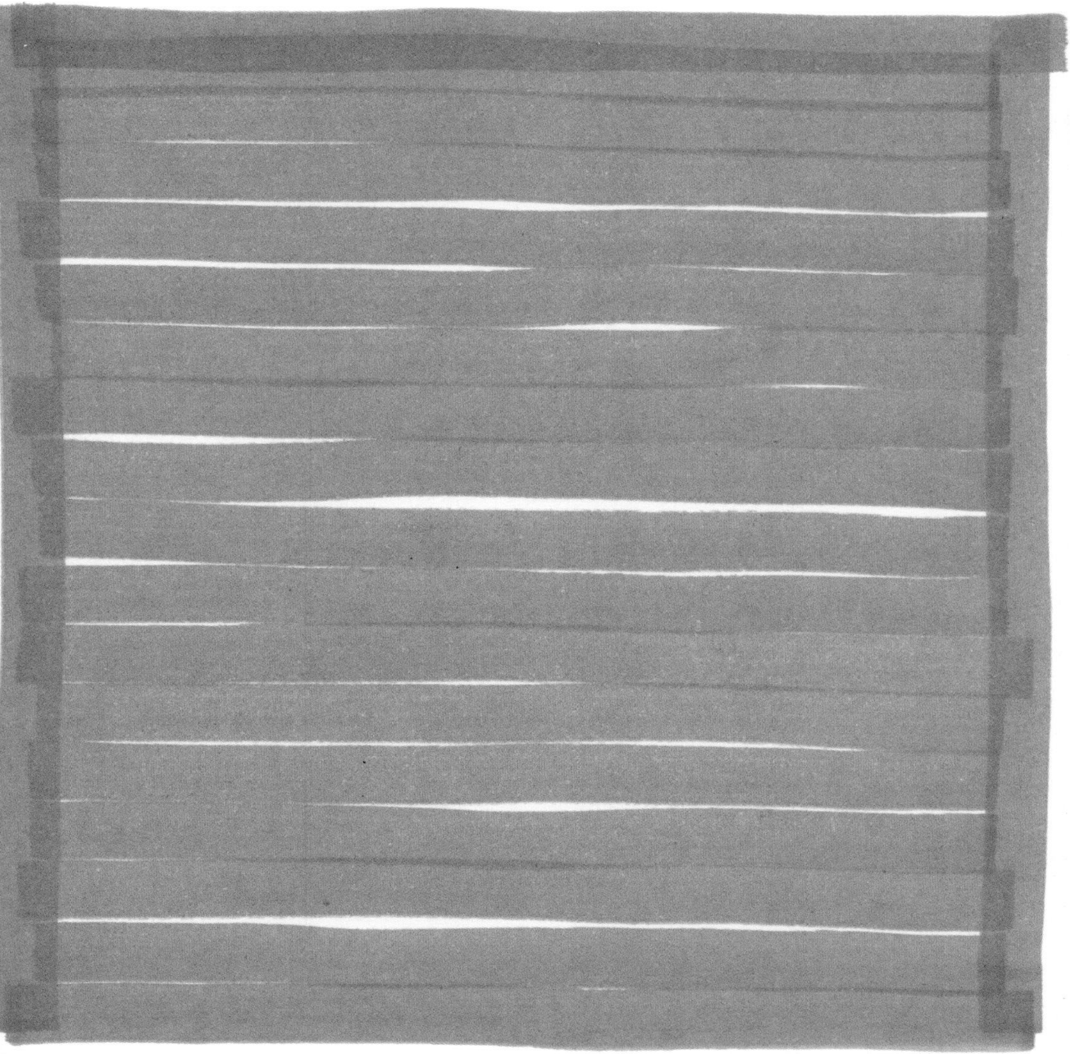

LIGA LOGO
E FALA QUE
TÁ SENTINDO
FALTA.

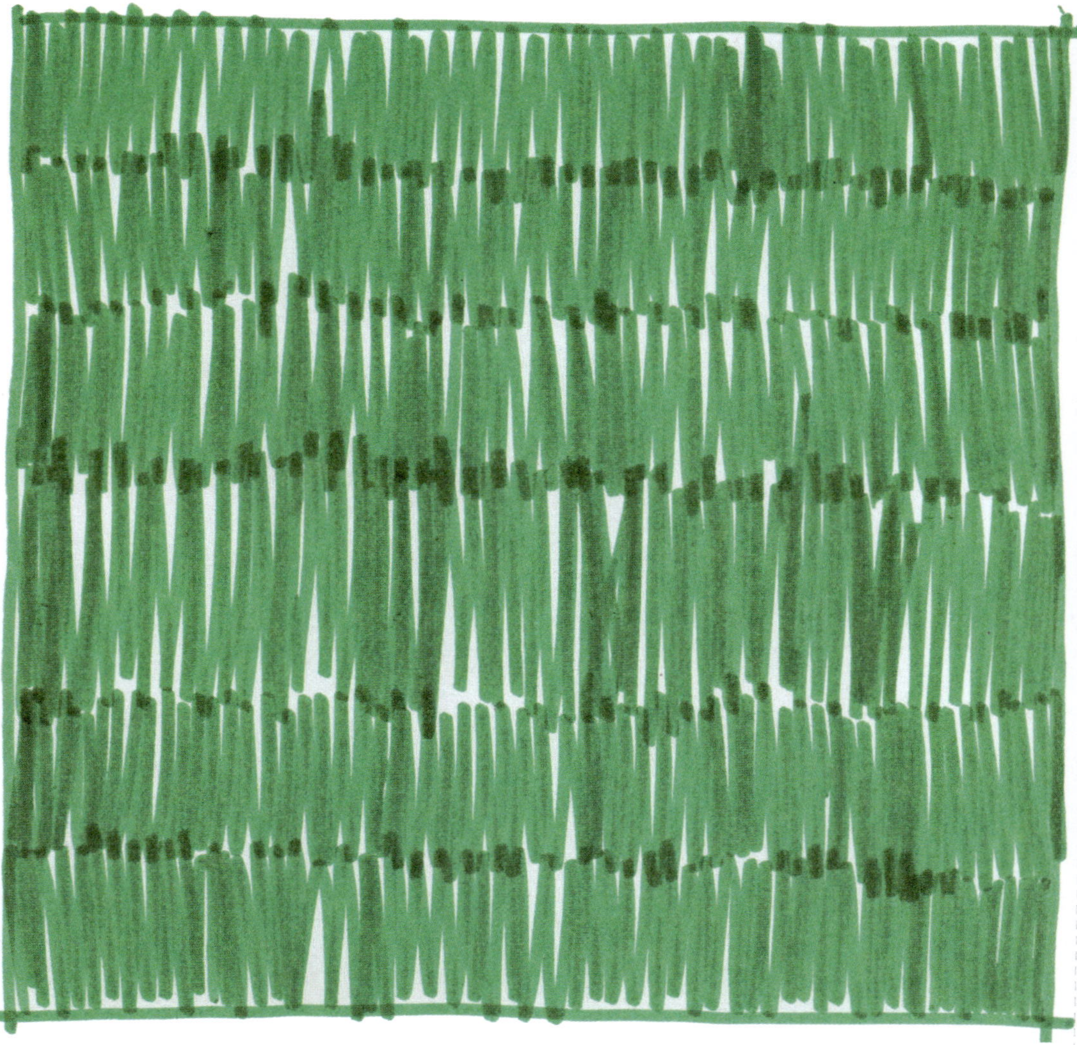

ACHO QUE CORTARAM
O WI-FI DA HORTA.
NÃO TÔ VENDO
O MEU BROTINHO
ONLINE.

A VIDA É
PRA GENTE
METER O LOUCO
COM QUEM
A GENTE GOSTA.

vai sem pressa.

É O AMOR!

AMIGO MESMO
DESAMASSA
O NOSSO CORAÇÃO.

BRILHA!

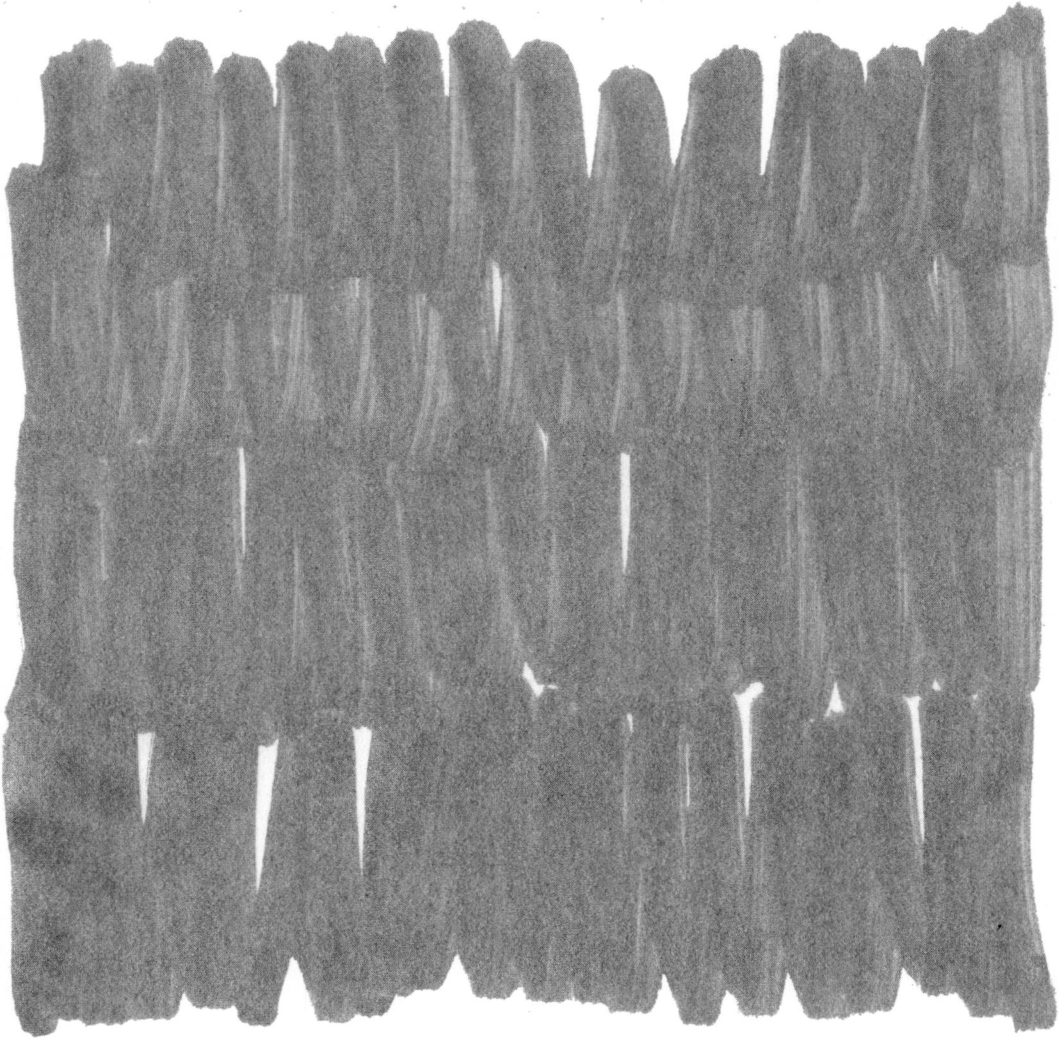

um bom dia
também depende
de você.

DE VEZ EM QUANDO
É NORMAL TER MEDO
E VONTADE DE

FUGIR.

ENFRENTE OS SEUS MEDOS.

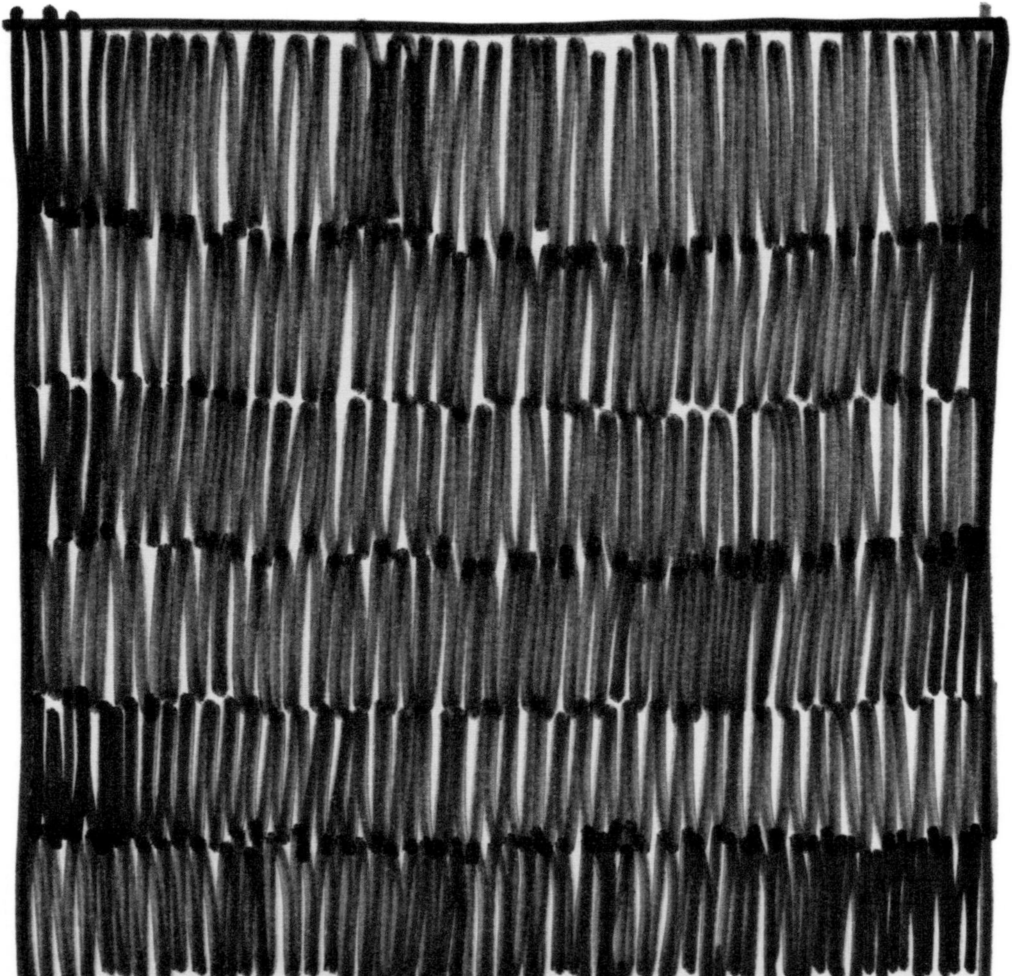

acredita.

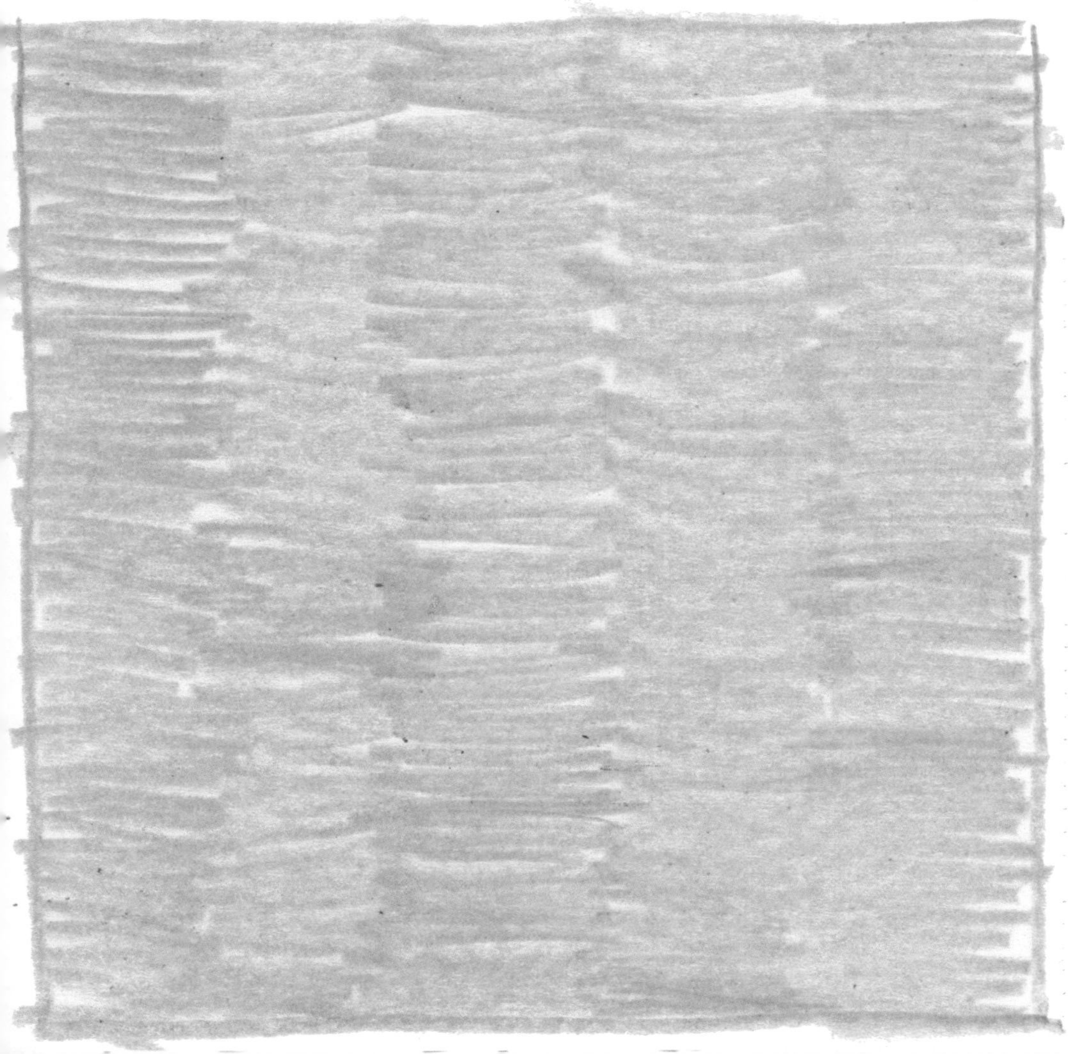

O AMOR
É SEMPRE
QUESTÃO
DE CORAGEM.

VOCÊ JÁ AGRADECEU HOJE?

ACREDITA
COM VONTADE.

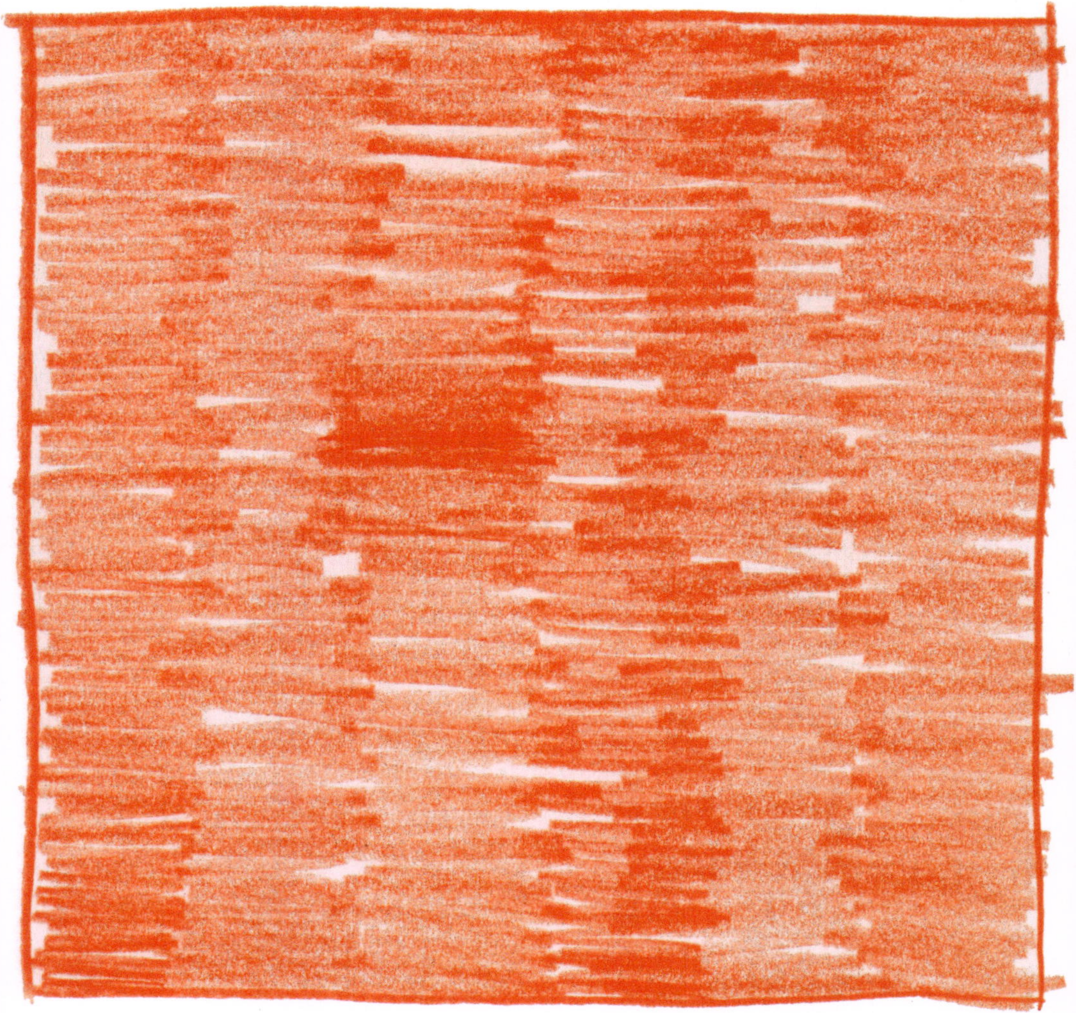

CRESCIMENTO
É SEMPRE
MUITA LUTA.

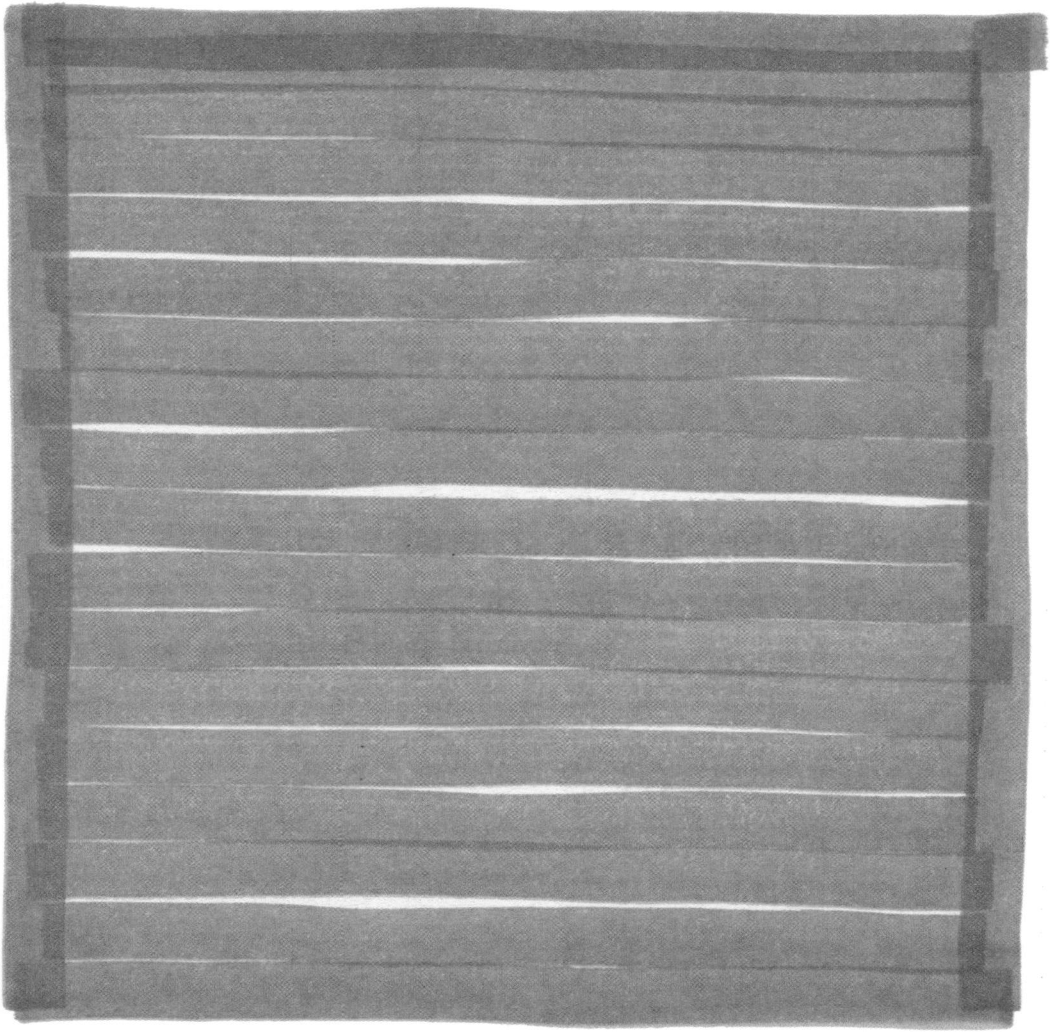

UM DIA AINDA VAMOS RIR DE TUDO ISSO.

A GENTE PODE SER QUEM A GENTE QUISER.

A VIDA PRECISA SER INTENSA.

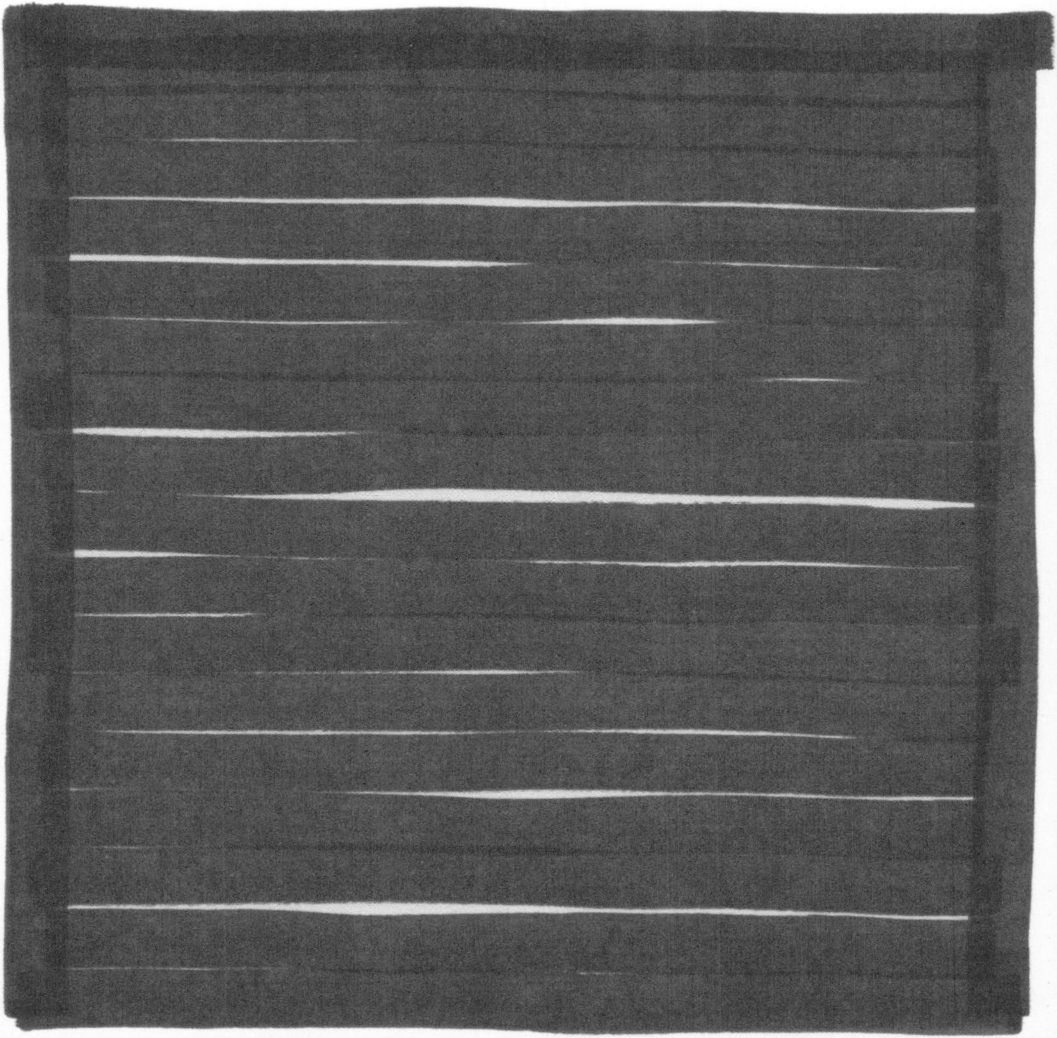

PEGUE LEVE COM VOCÊ.

O SEGREDO
É SABER
ESPERAR.

UM

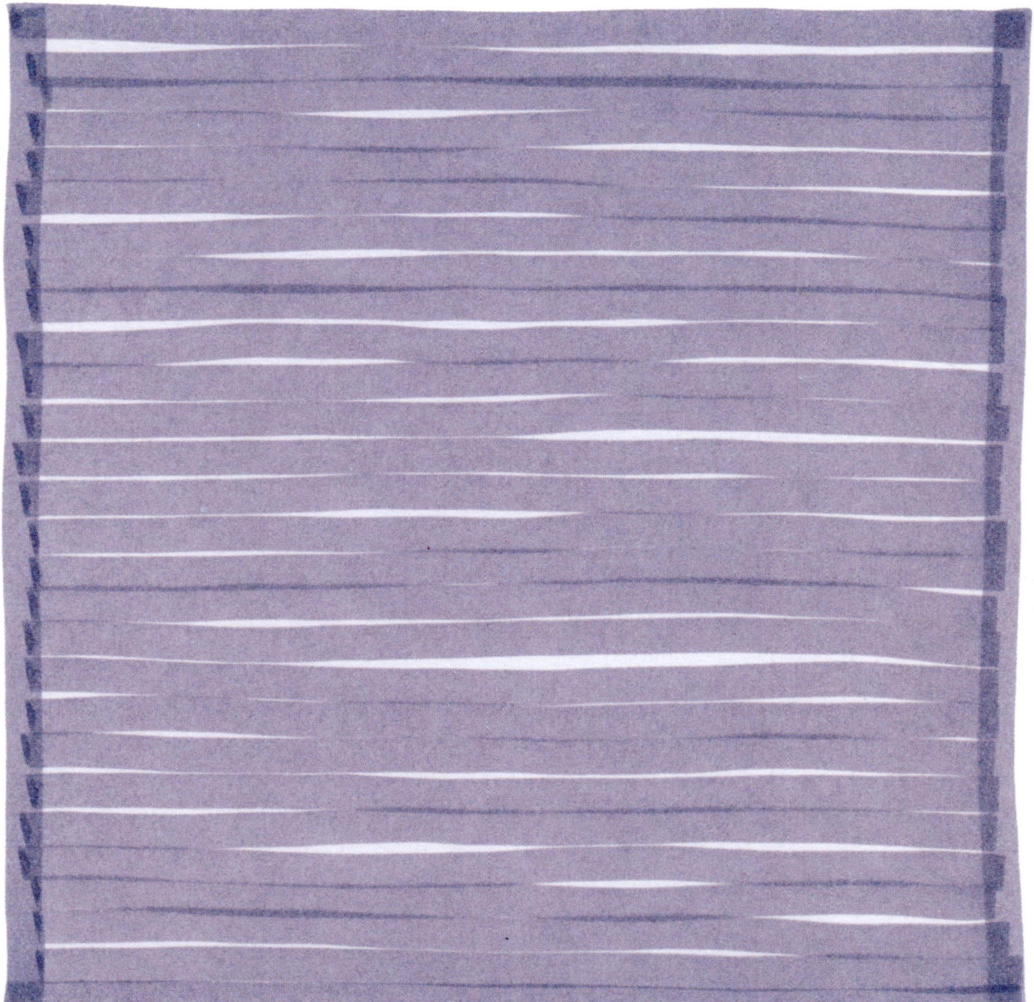

ENERGIAS
NÃO MENTEM.

OLHARES
TAMBÉM NÃO.

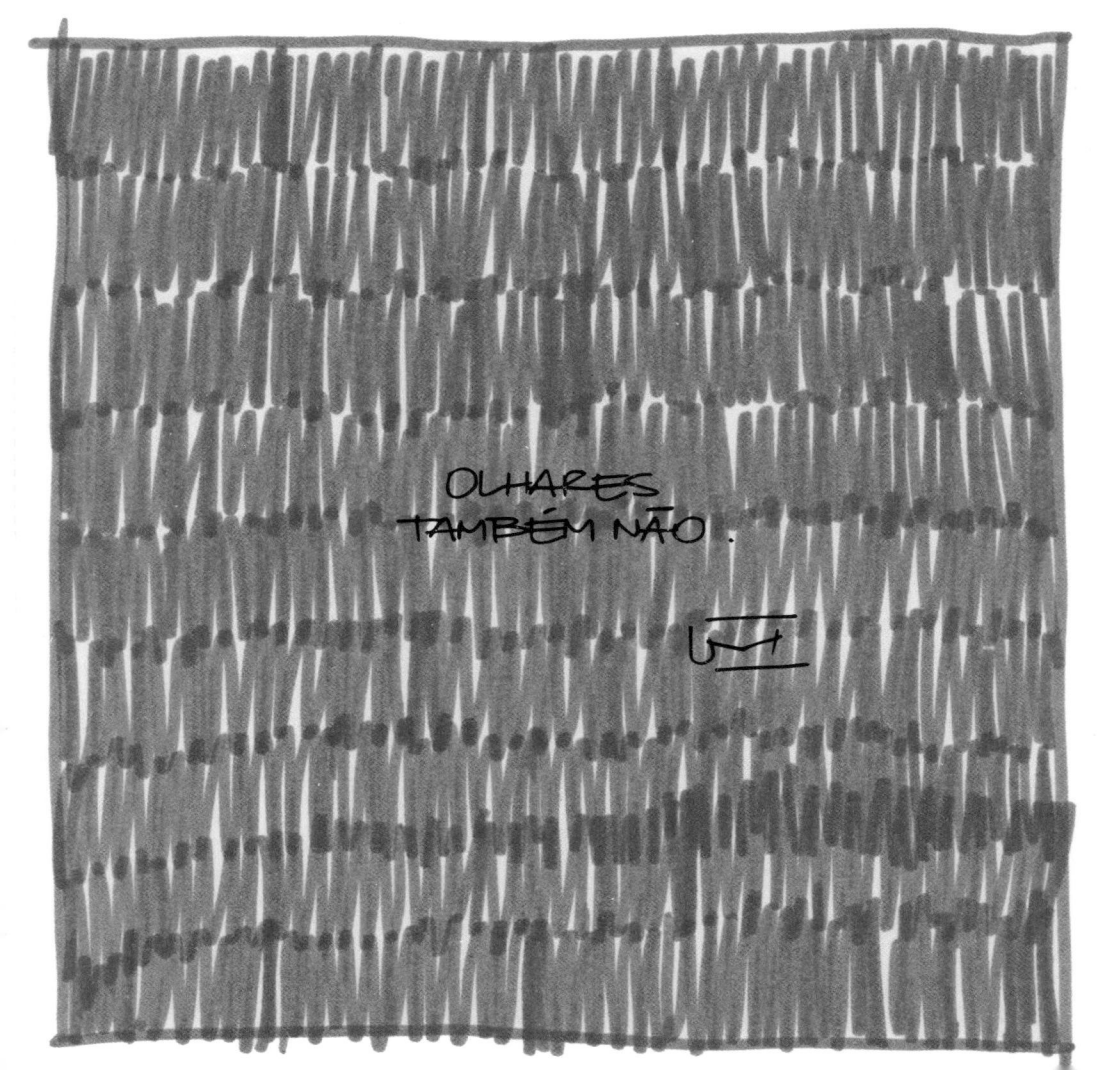

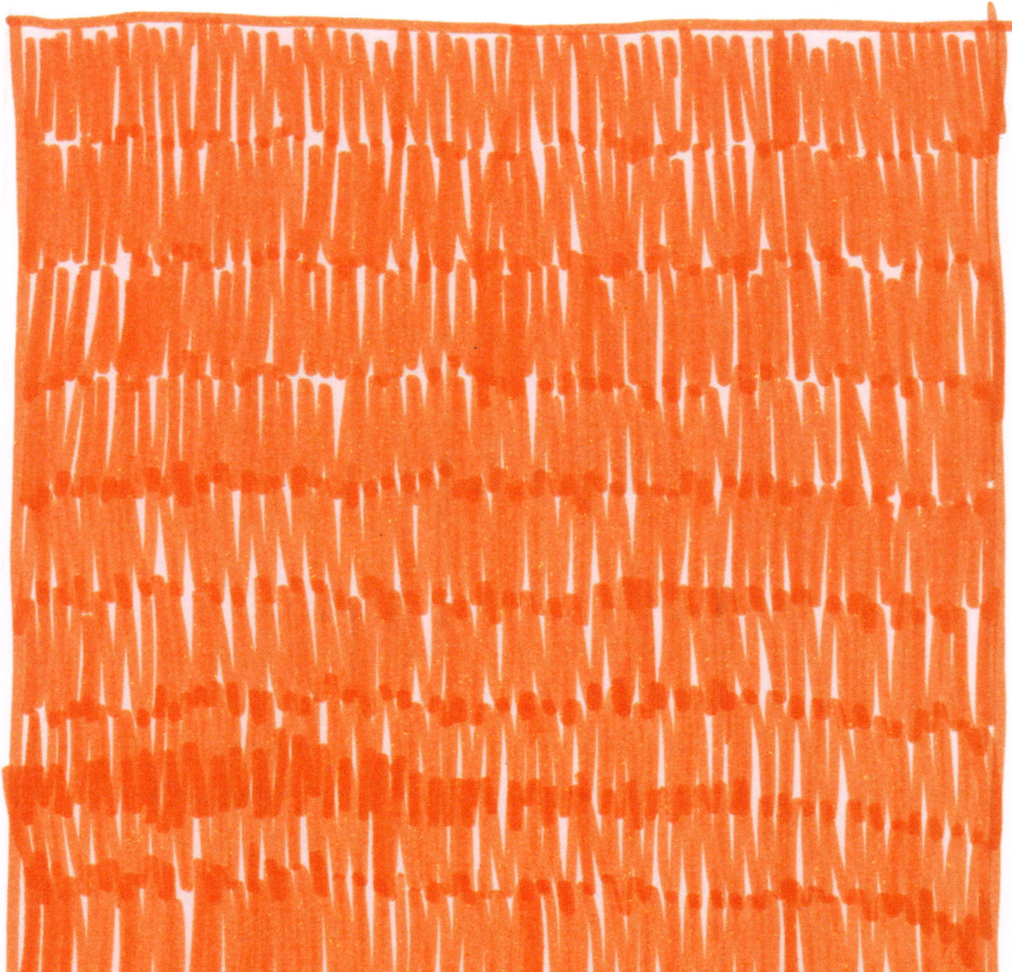

ISSO DAQUI TAMBÉM VAI PASSAR.

VAI DAR CERTO.

DEU CERTO.

SUPERAÇÃO.

| NÃO ESQUEÇA |

| DE VIVER |

| O MOMENTO. |

ISSO,
TAMBÉM
VAI
PASSAR.

SEM TESÃO
NÃO DÁ.

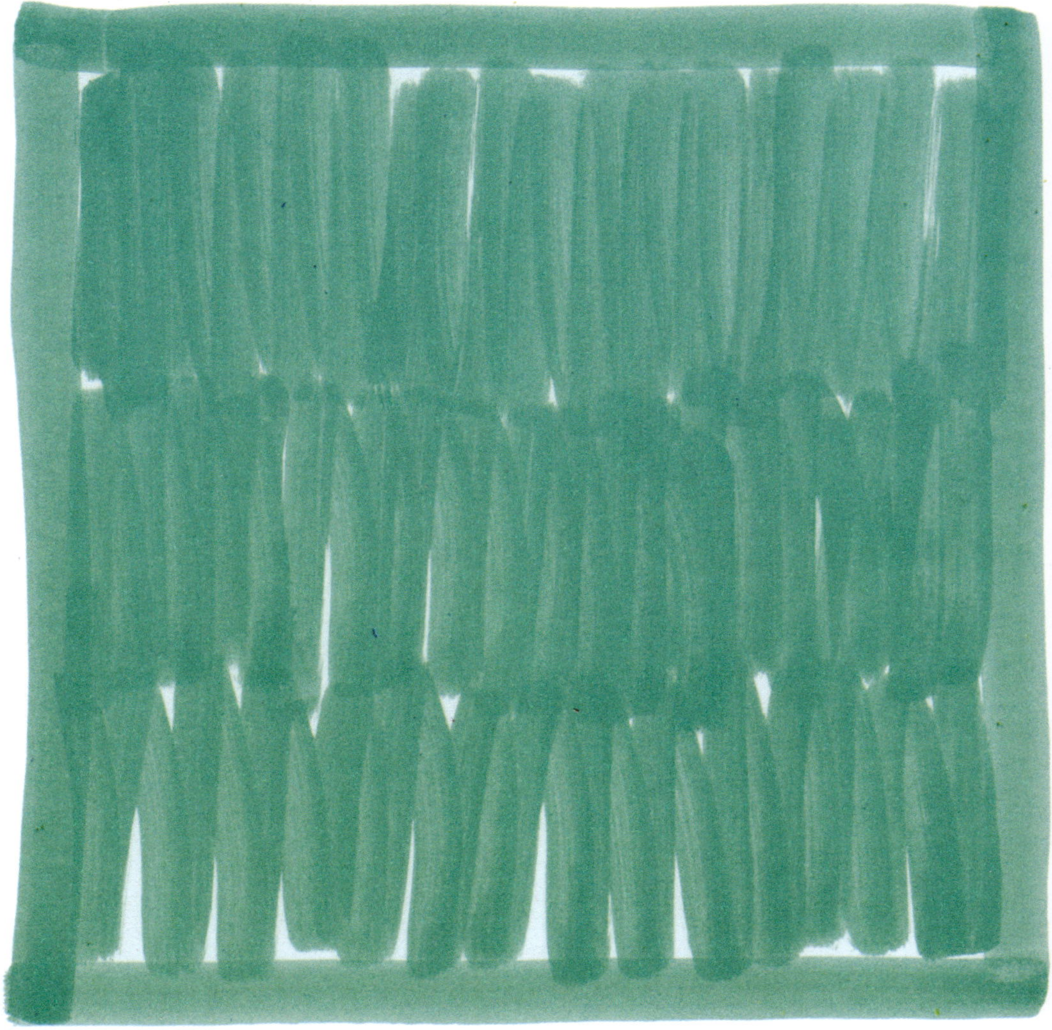

O TEMPO
FAZ A GENTE
LIGAR OS PONTOS.

PARA DE STALKEAR E CHAMA LOGO PRA SAIR.

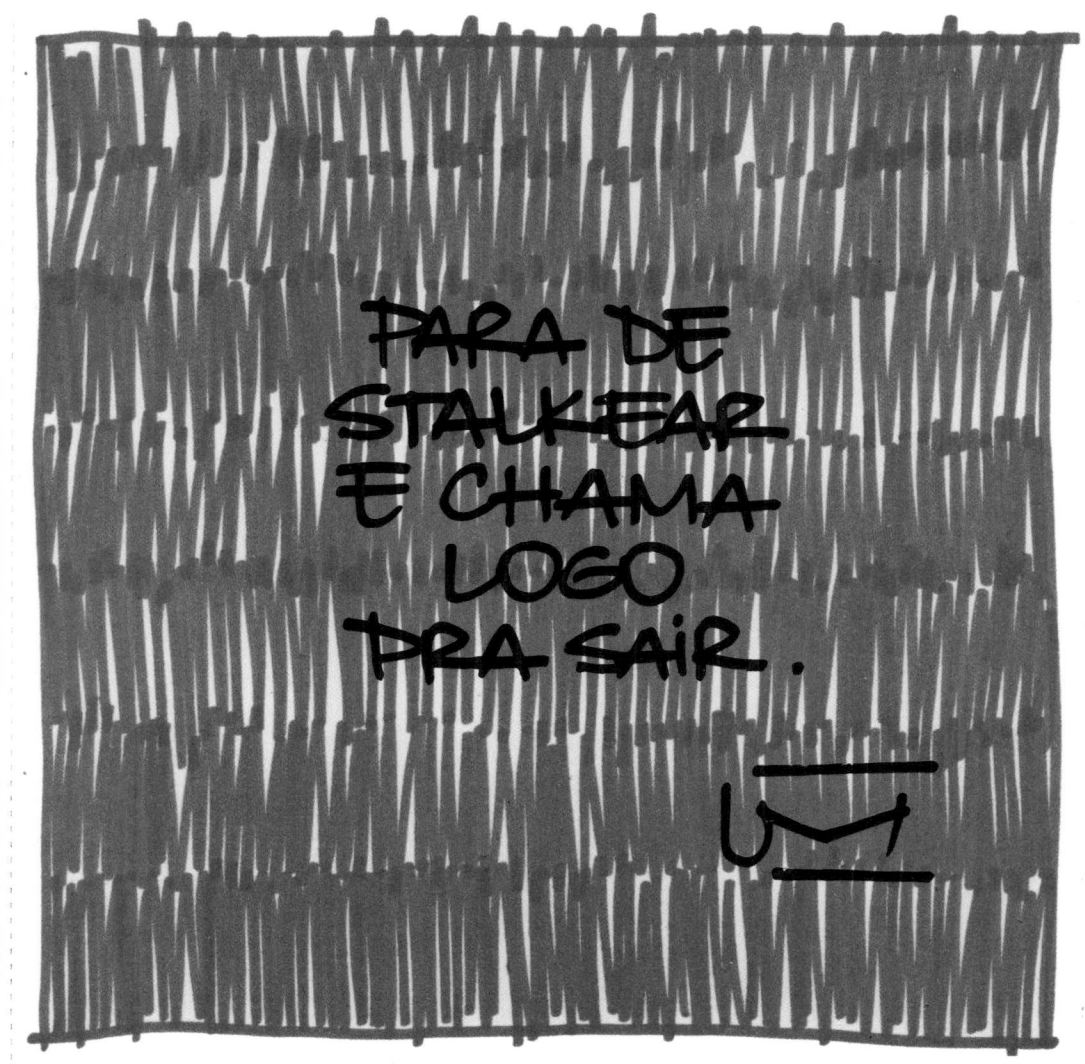

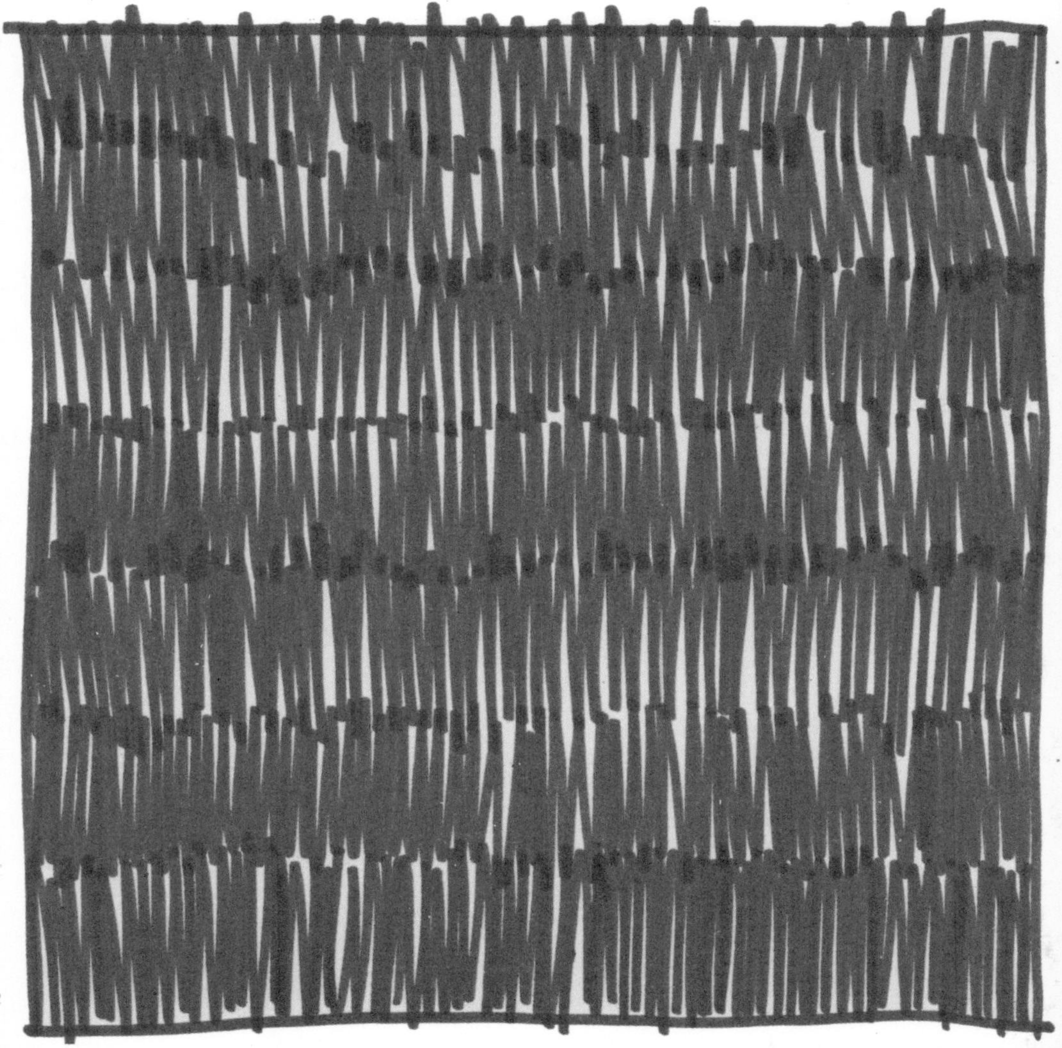

tudo é sobre o quanto
a gente consegue enxergar
o lado bom das coisas.

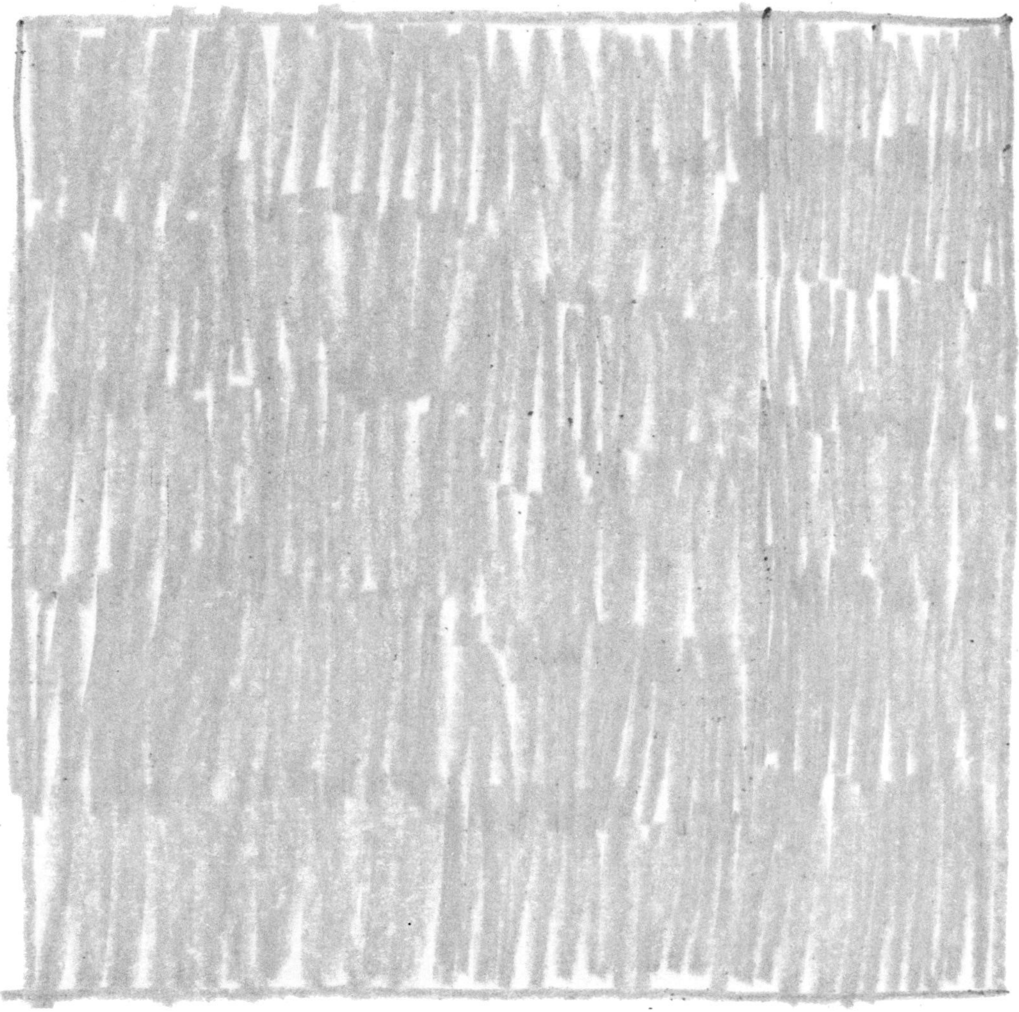

A SUA ANSIEDADE
NÃO PODE SER
MAIOR DO QUE VOCÊ.

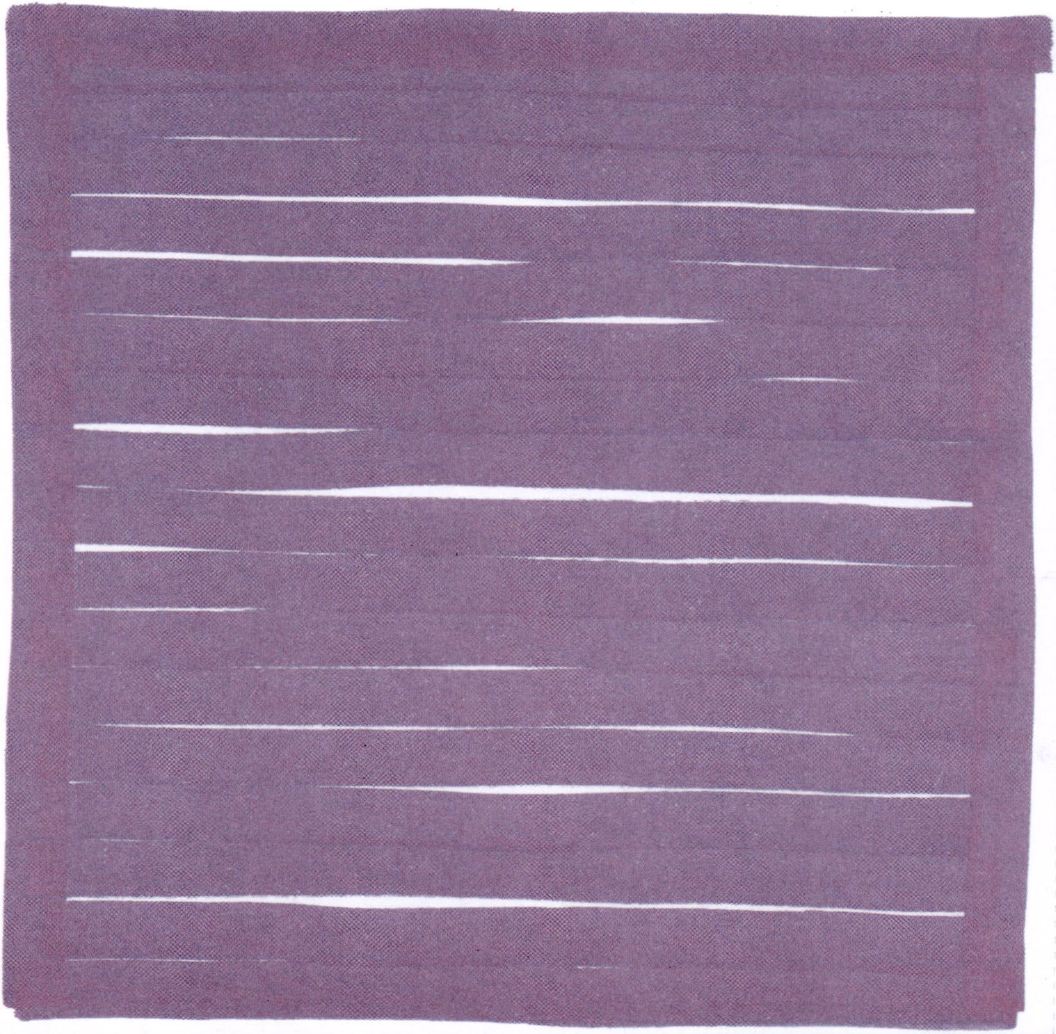

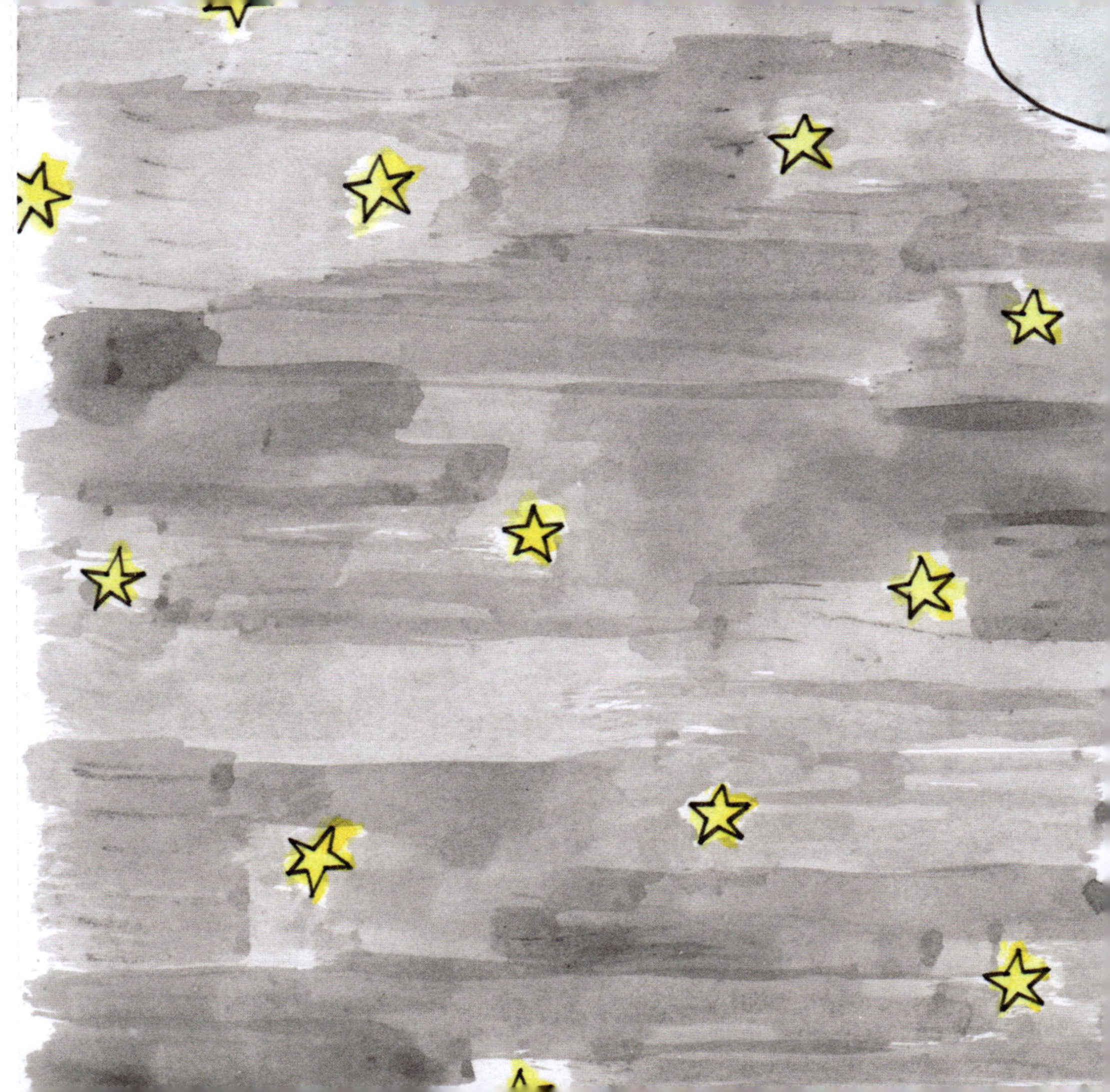

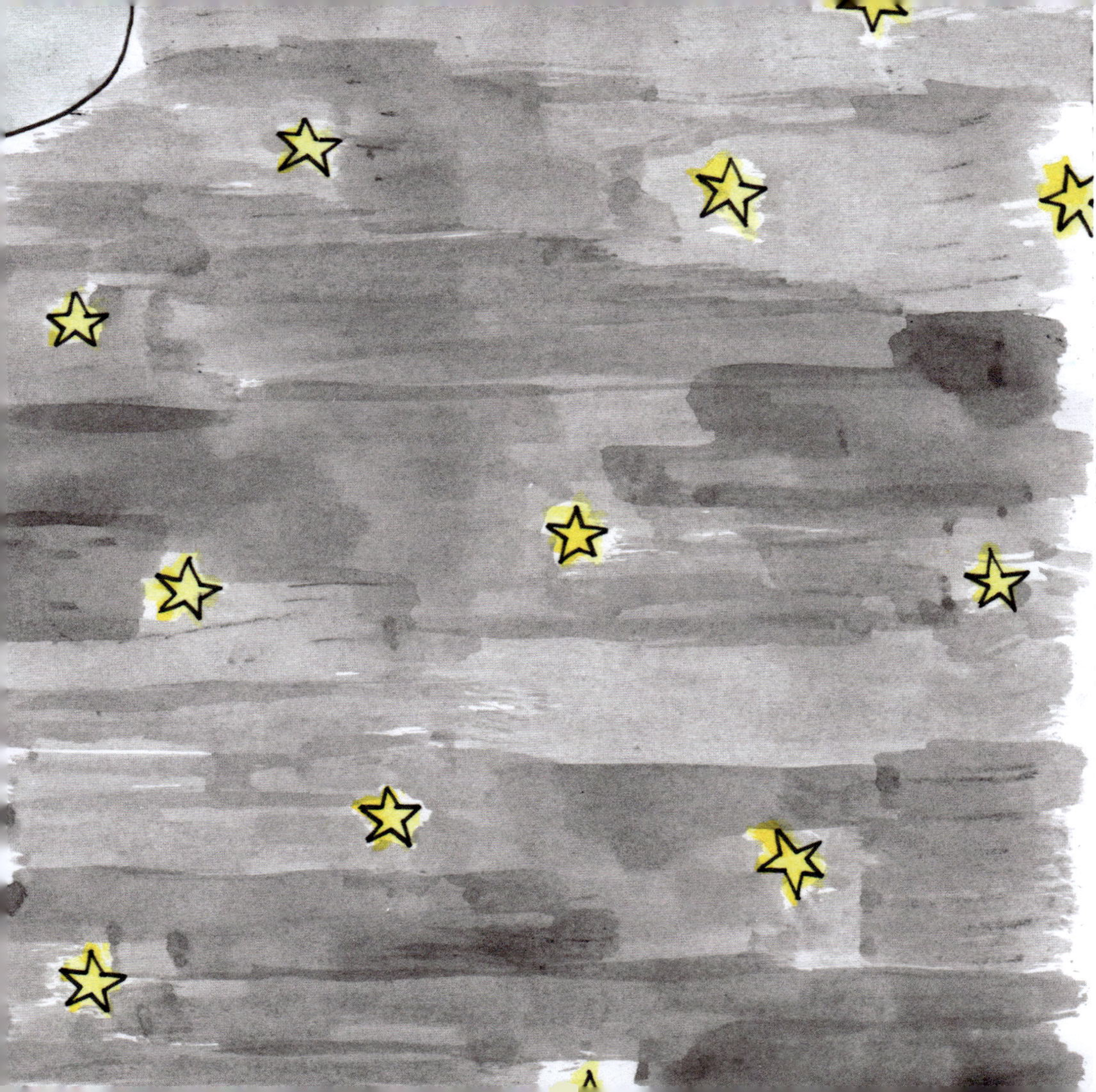

A NOITE TAMBÉM ILUMINA.

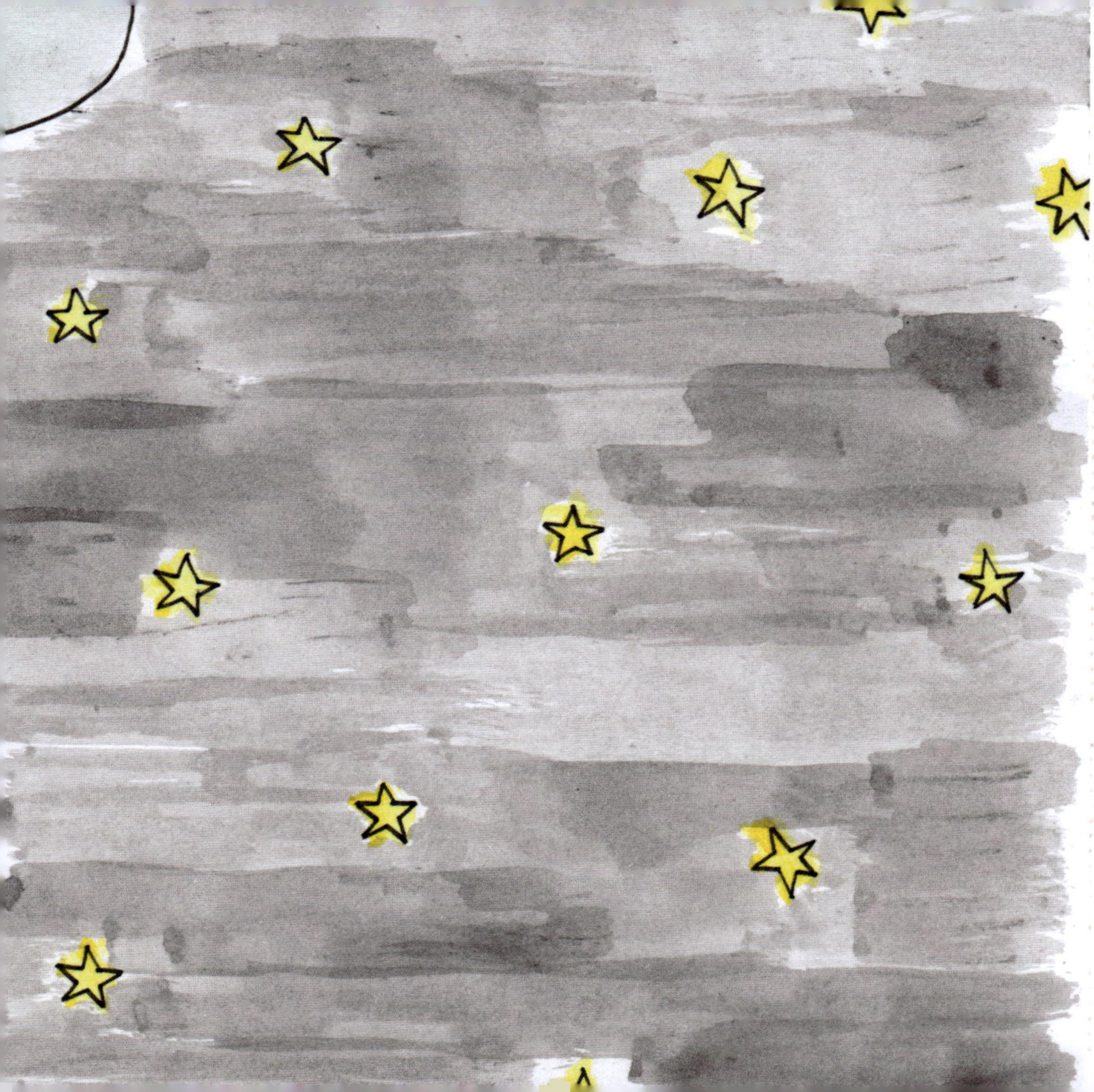

ACABOU
A FALTA.
AGORA
A GENTE
SE TEM.

JÁ PENSOU?

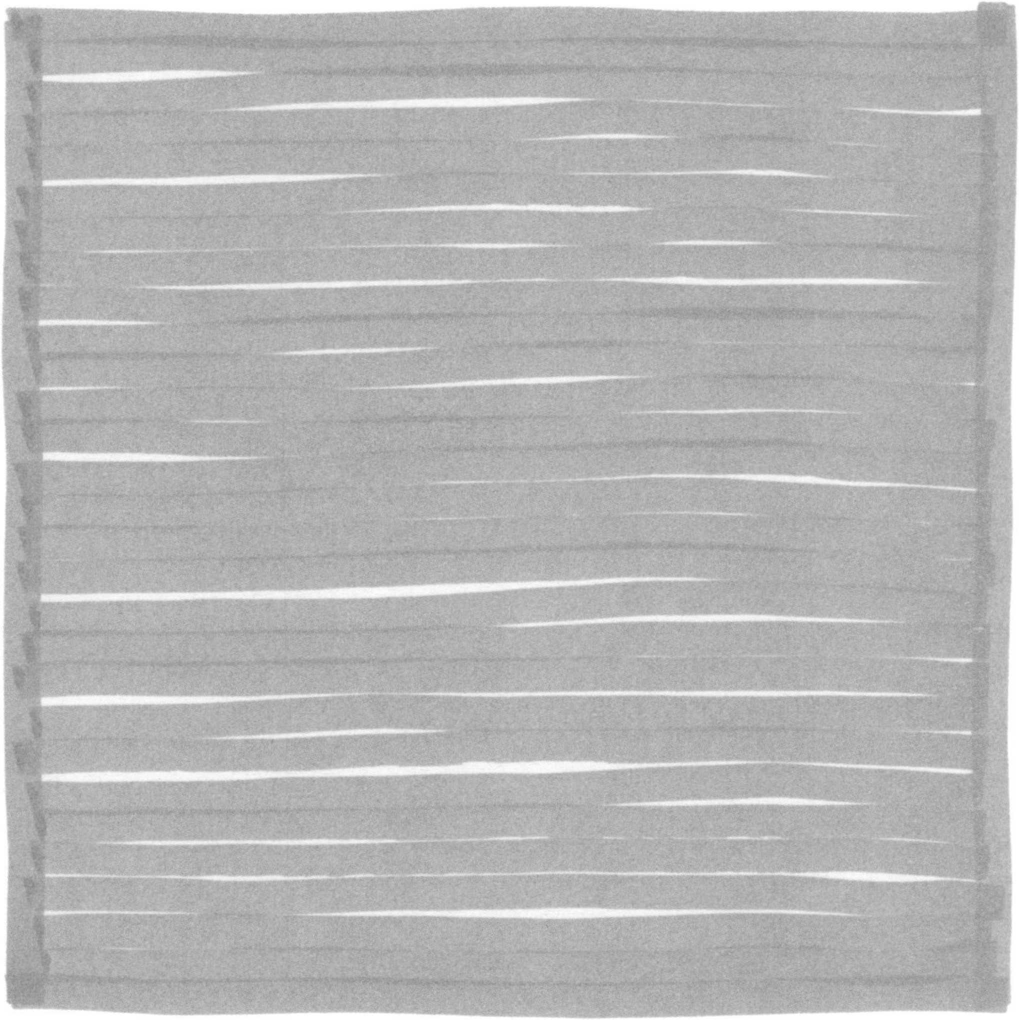

às vezes cansa mesmo.

pega de jeito.

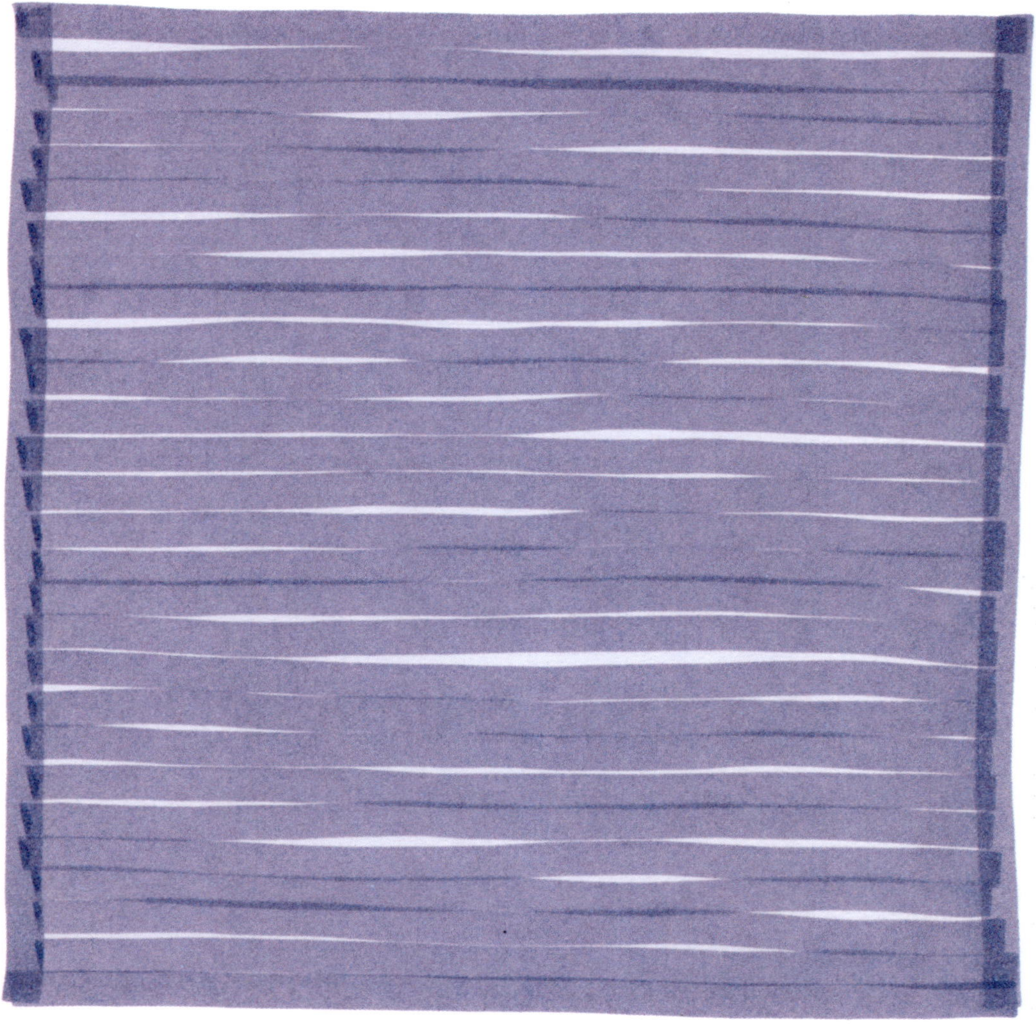

AGRADEÇA TUDO COMO SE FOSSE A ÚLTIMA VEZ.

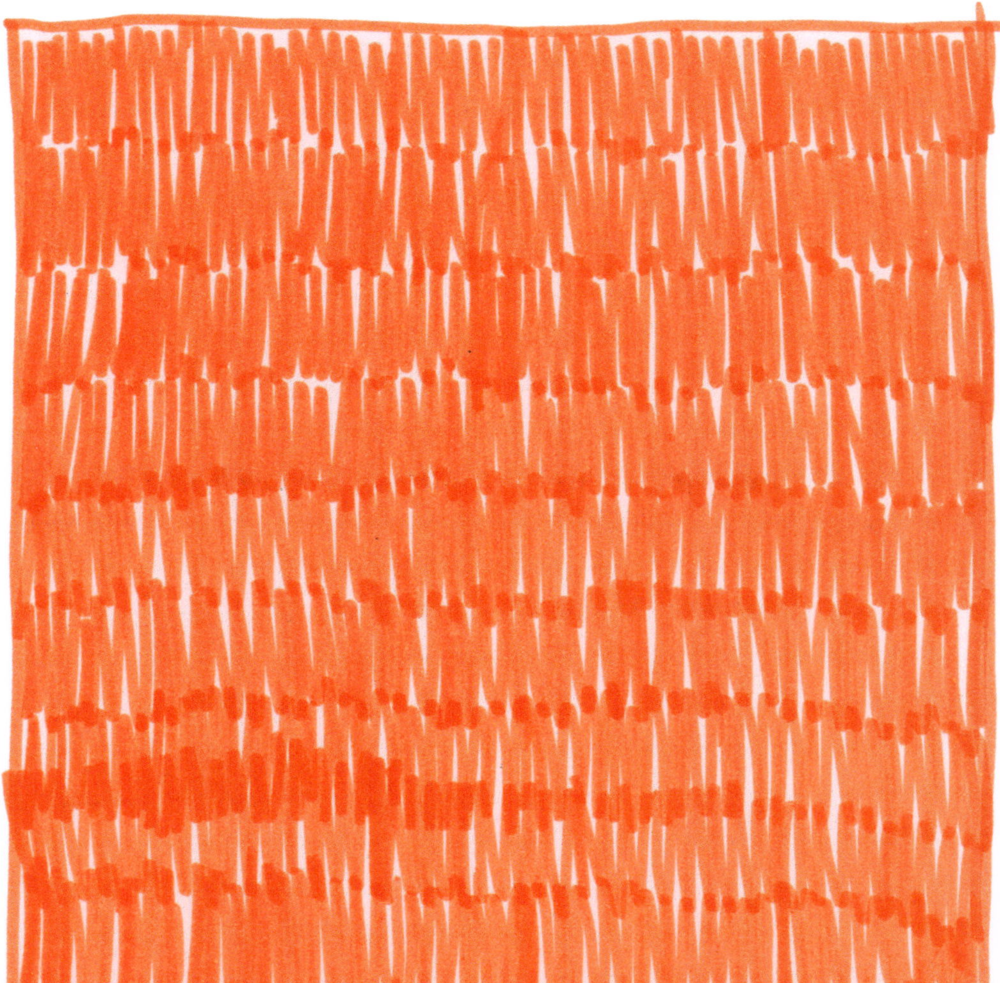

eu sei que já não deu certo antes.
eu sei que cansa
e que dá medo de tentar de novo,
mas eu também sei que é melhor arriscar
do que conviver com a dúvida
do que poderia ter sido.

A GENTE AINDA TÁ APRENDENDO.

se permita.

PRIORIZE
QUEM
TE PRIORIZA.

perdoe

entenda

namore

sinta

ouse

unifique

pensou?

MANDAR PARA ALGUÉM.

MANDAR
PARA
ALGUÉM.

MEU MUNDO
FICOU MELHOR
~~DEPOIS~~
QUE VOCÊ
CHEGOU.

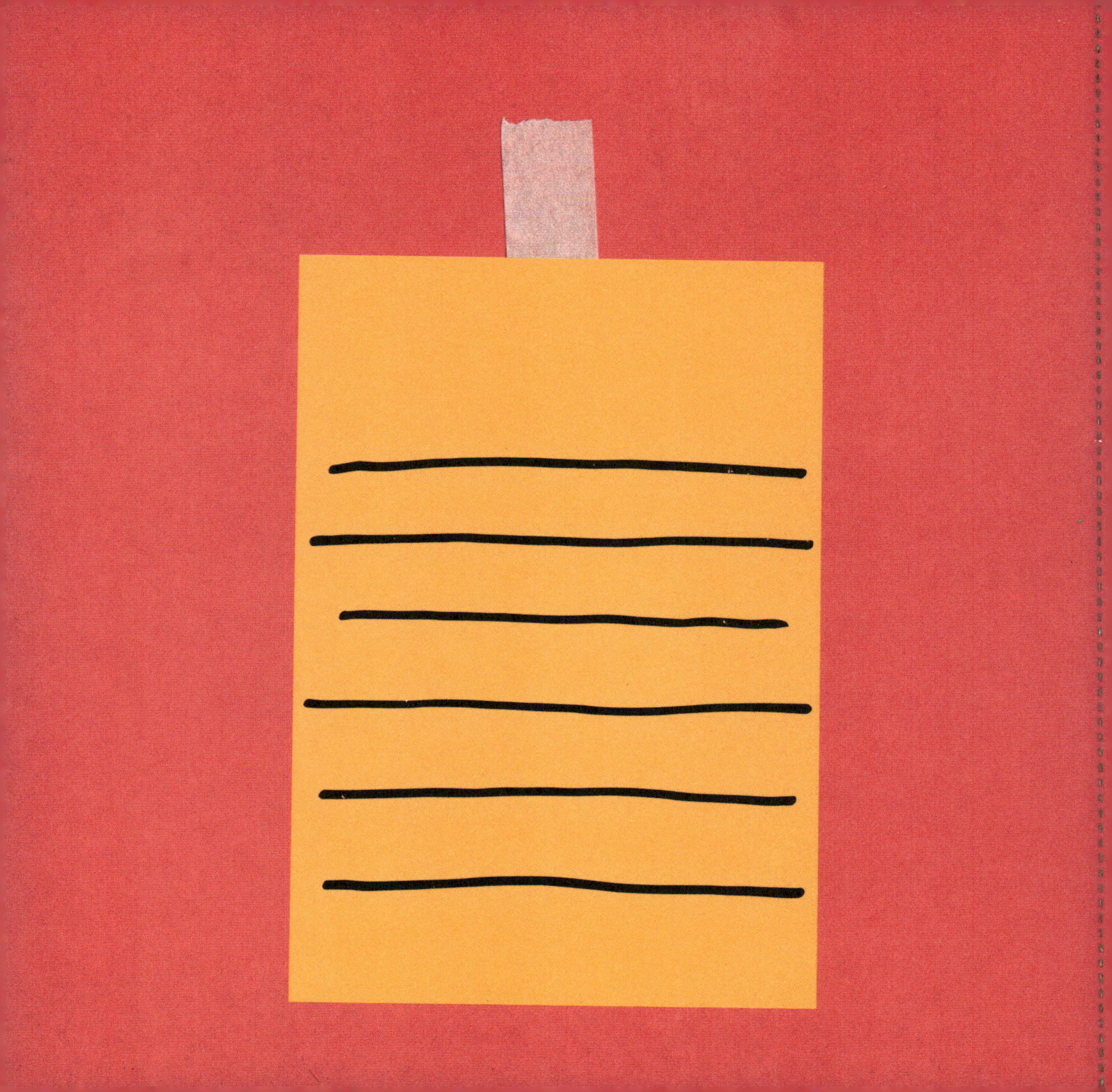

CONFIA!

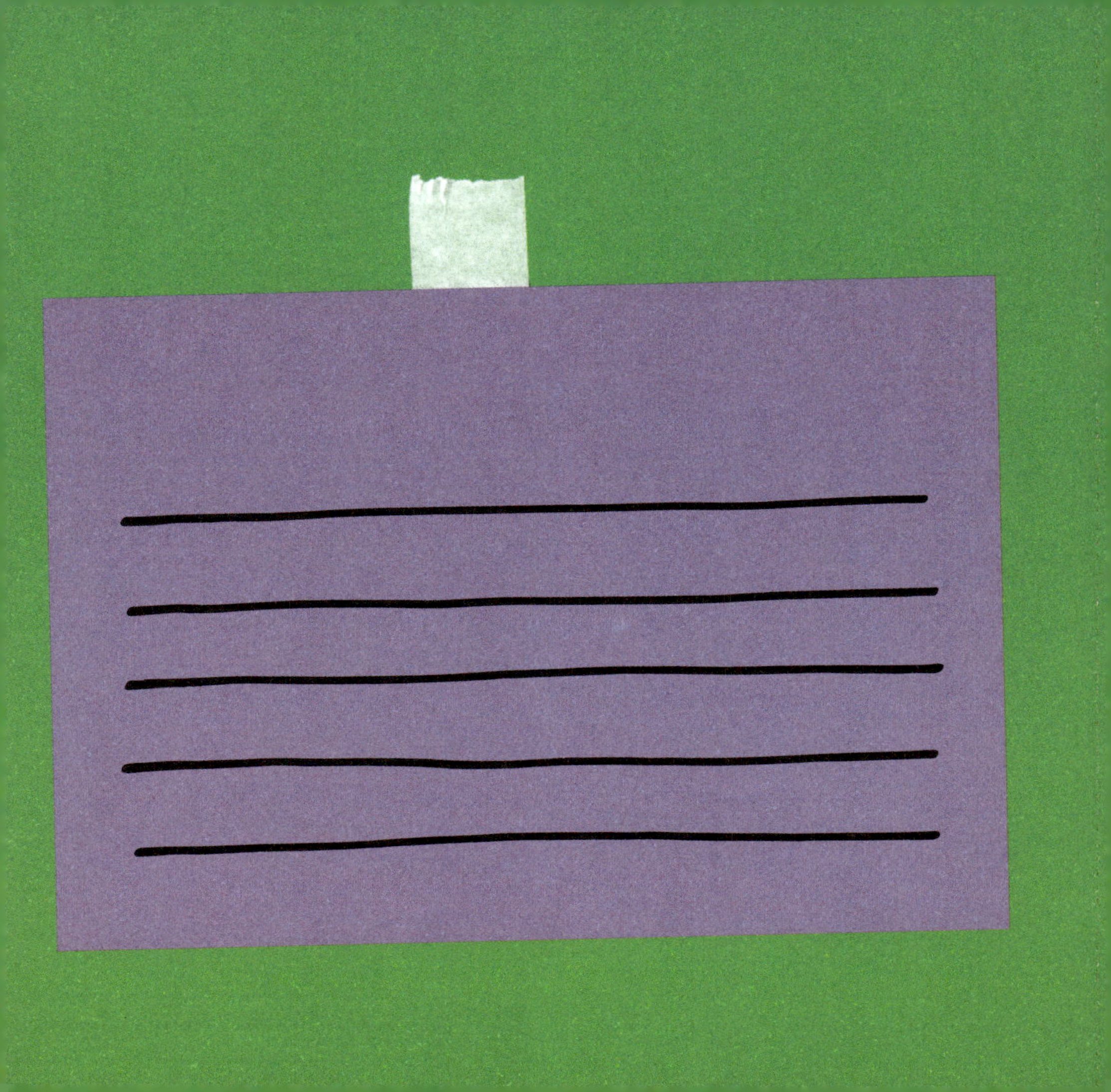

VEM SORRIR COMIGO.

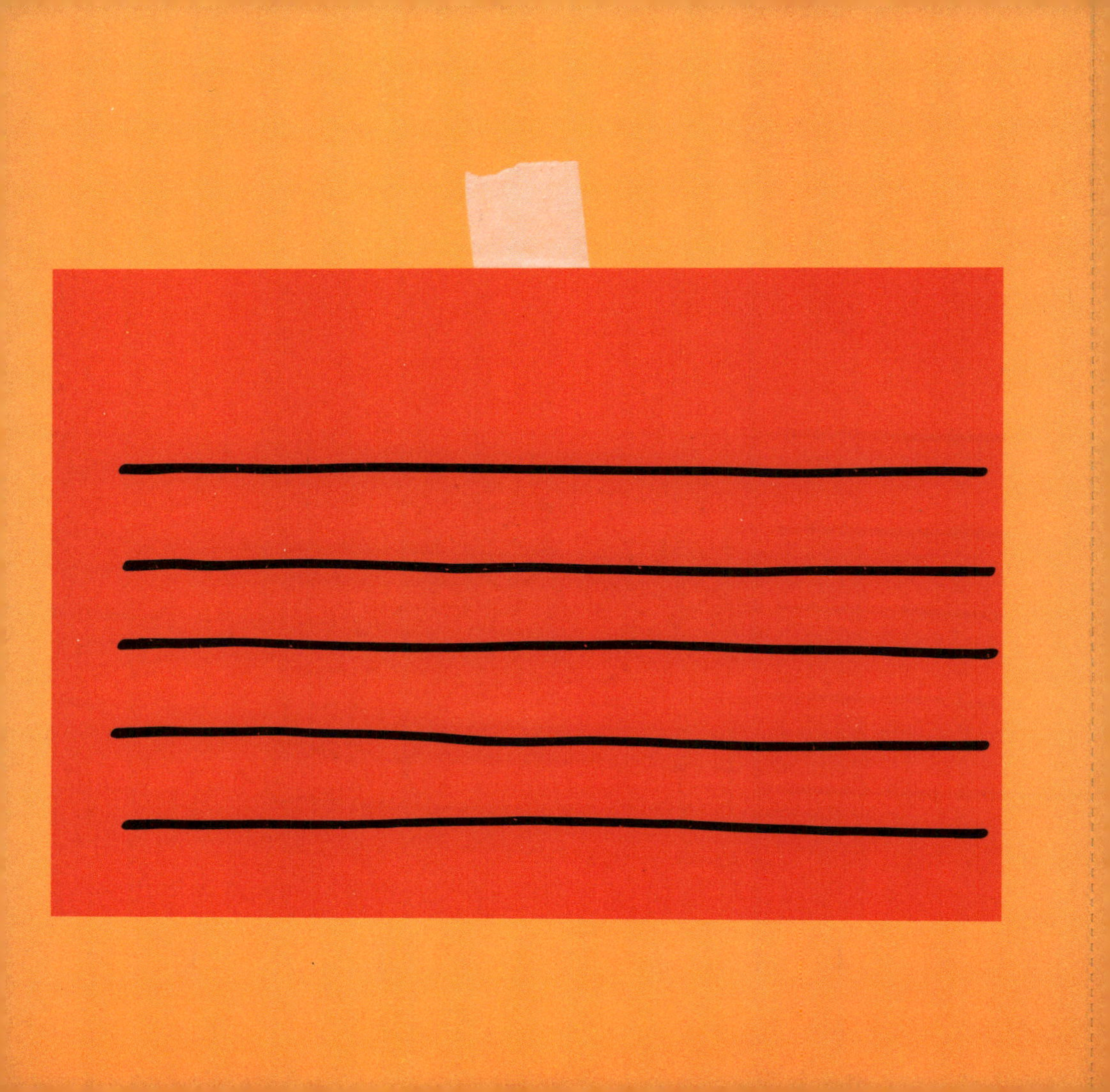

Preciso te ver de perto.

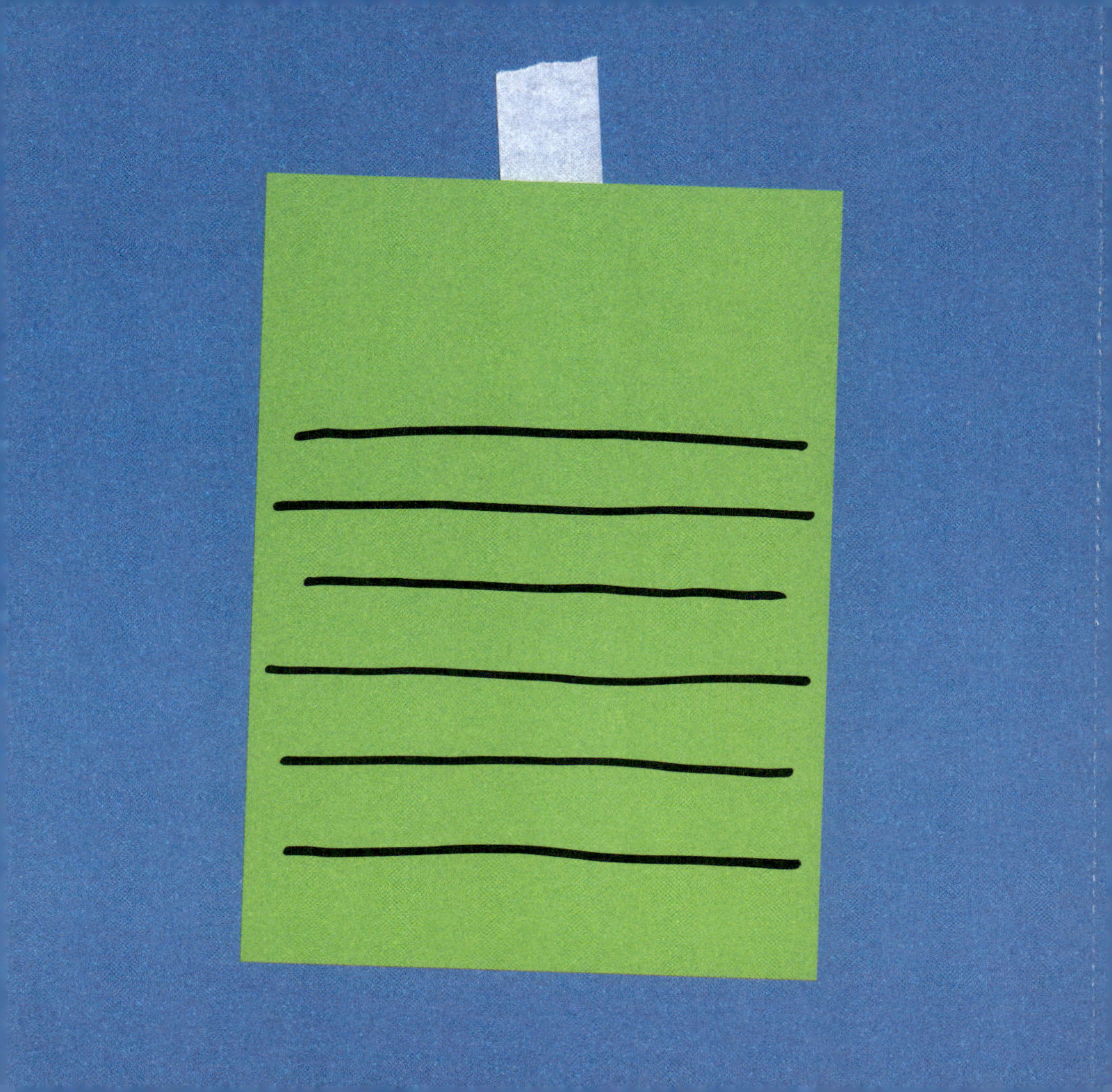

EU & VOCÊ
SEMPRE.

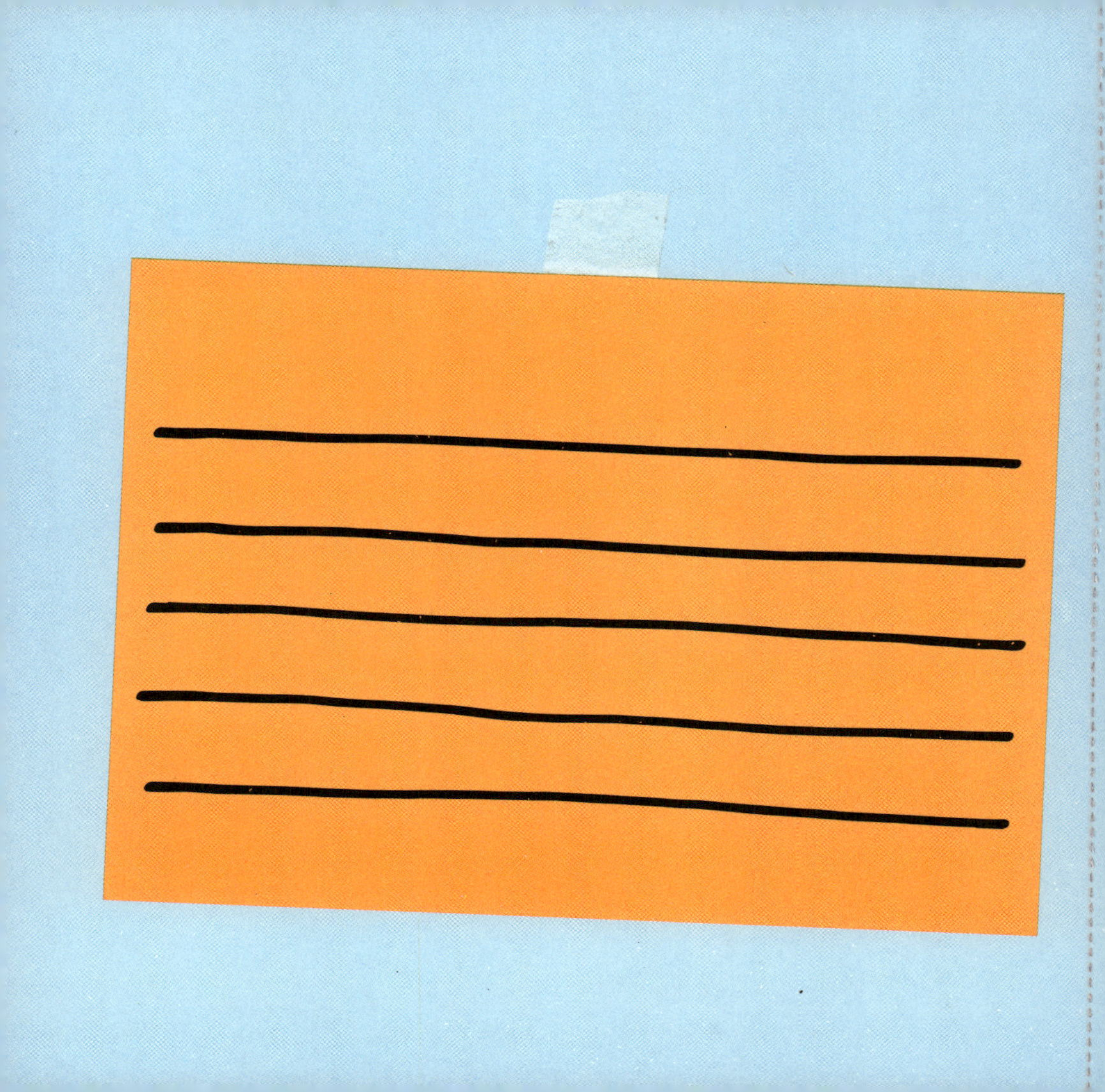

VOCÊ É TUDO QUE EU QUERO PRA MIM.

SE NÃO FUNCIONOU HOJE, TENTA DE NOVO AMANHÃ.

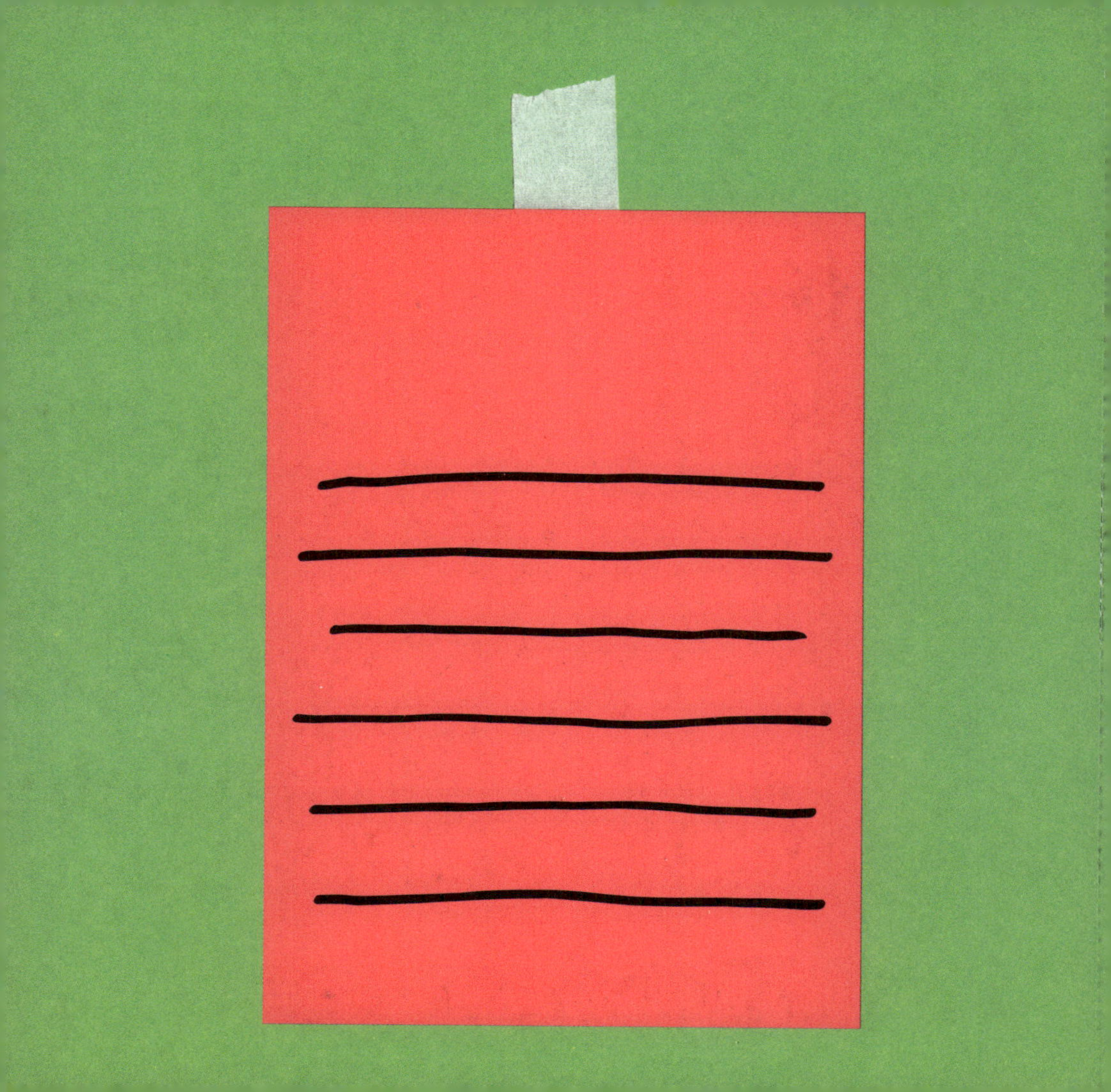

EU SINTO
A SUA
FALTA.

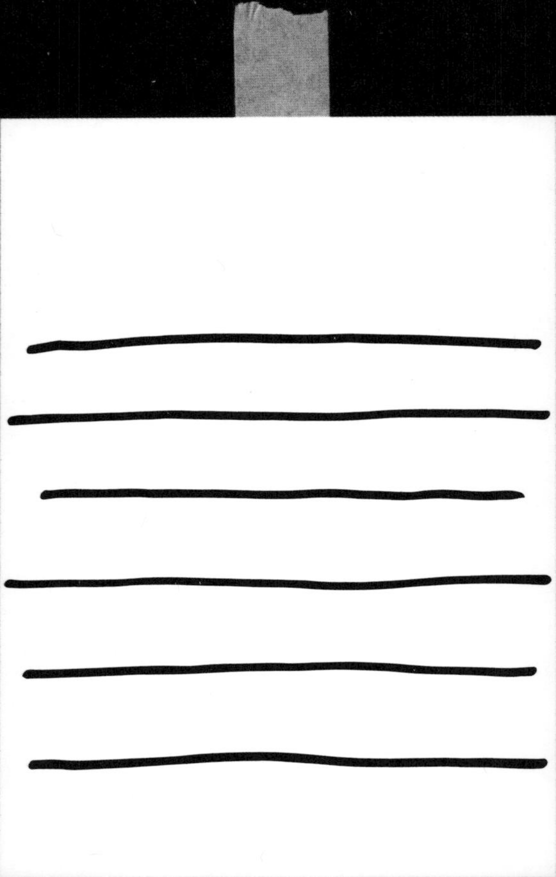

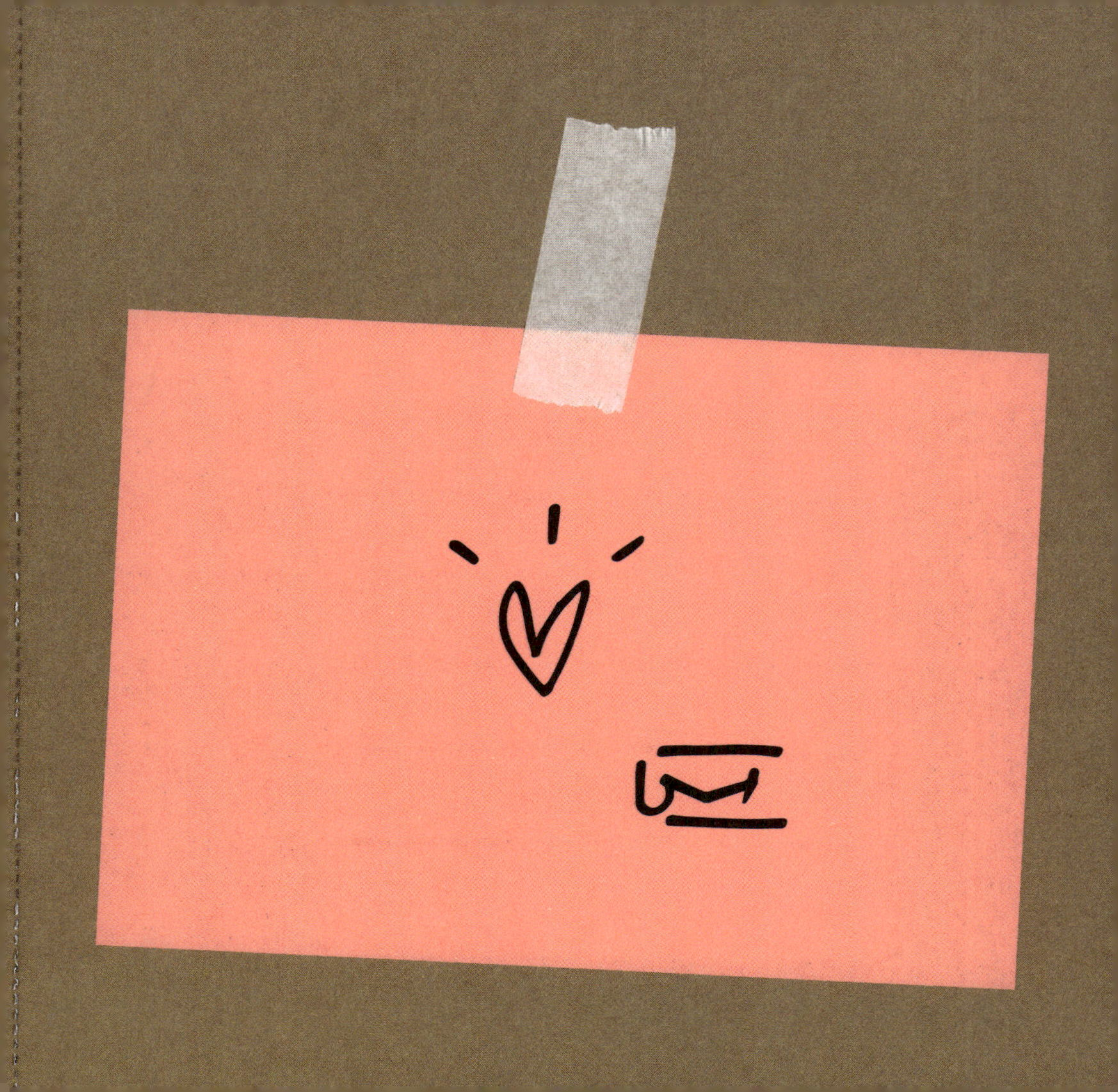

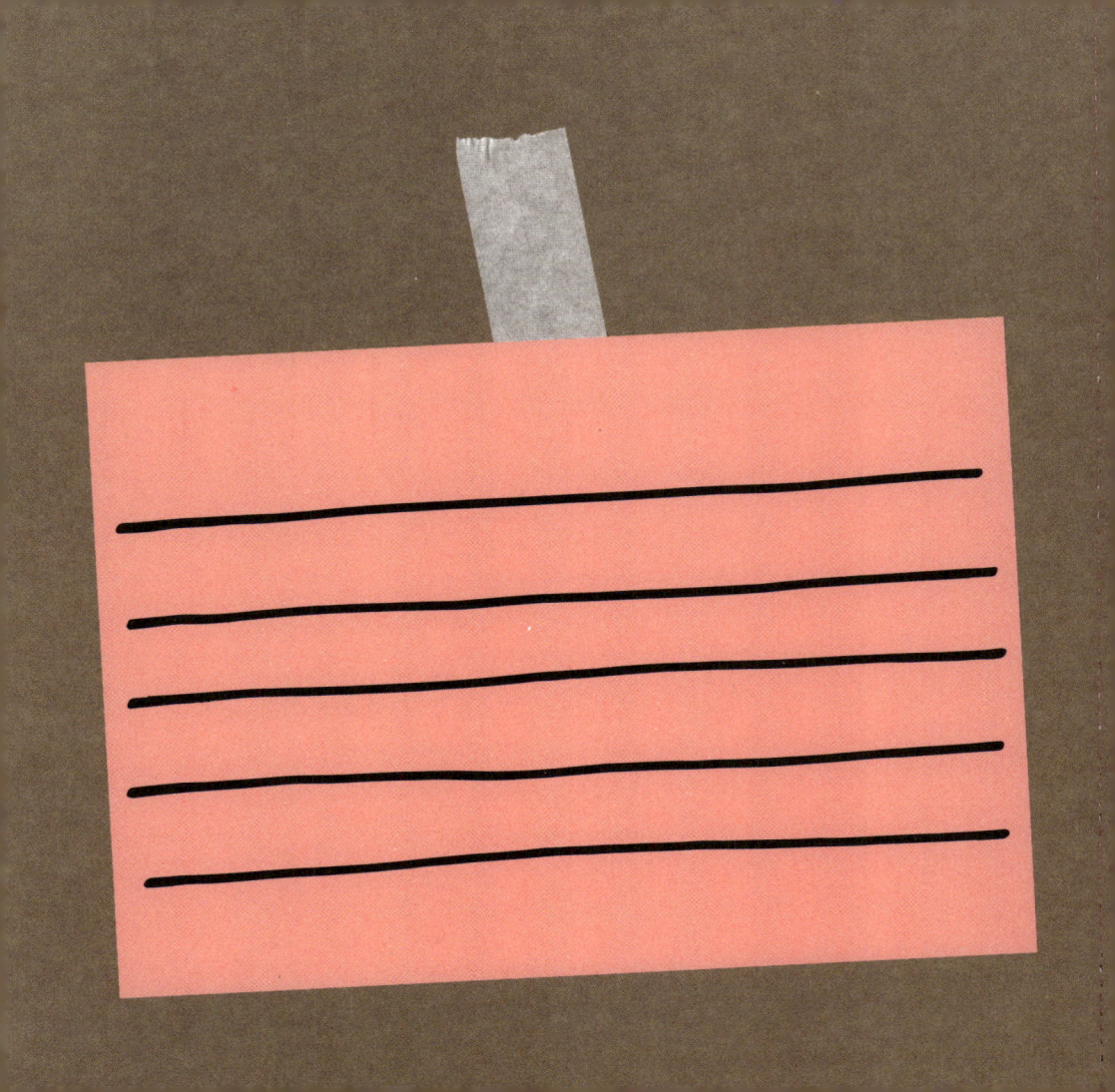

VOCÊ
NÃO FAZ
IDEIA
DO TANTO
QUE EU GOSTO
DE VOCÊ.

A GENTE JÁ ACONTECEU.

UM

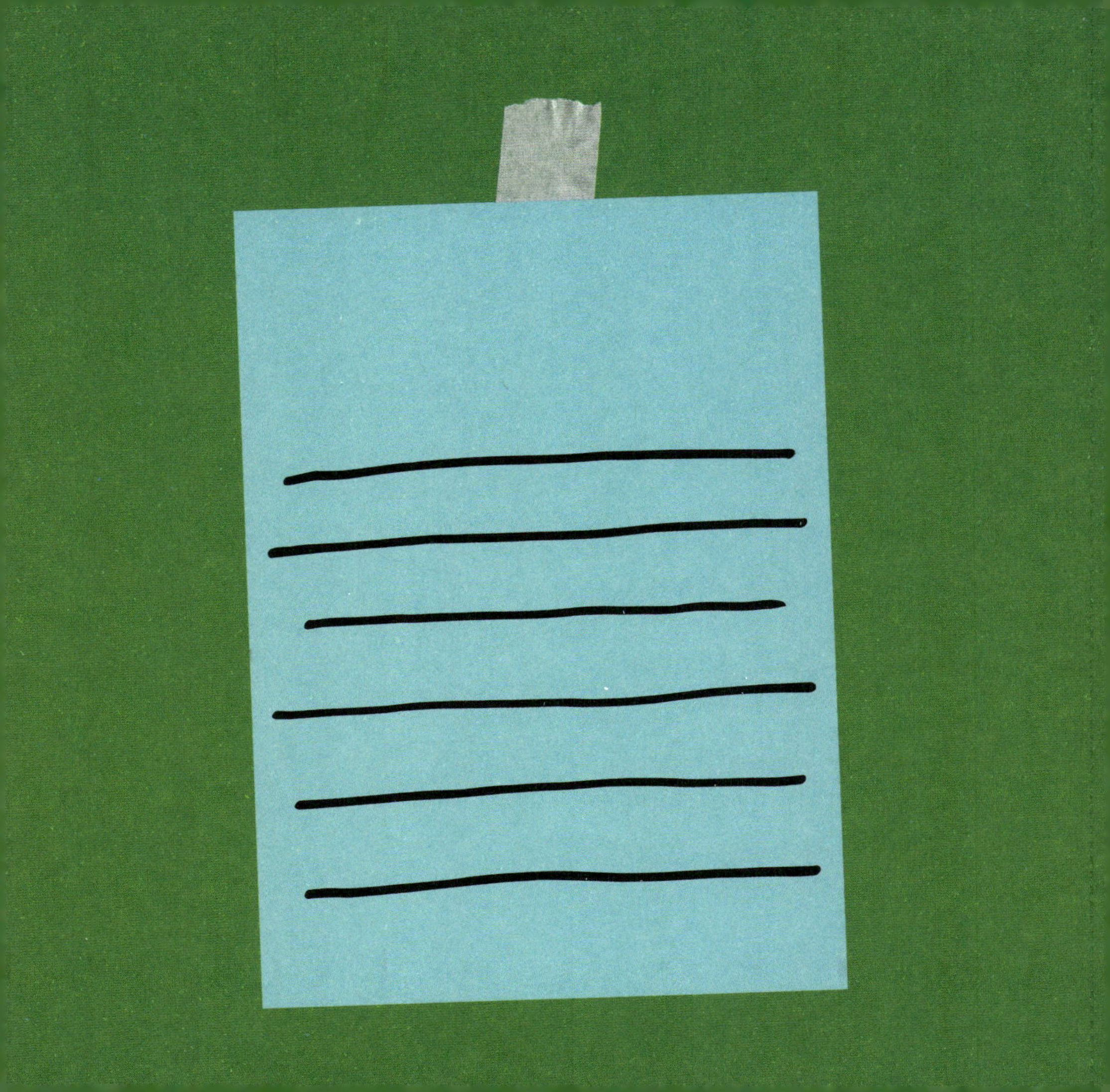

A GENTE NÃO PRECISA ESTAR PERTO QUANDO ESTÁ AQUI ♡:

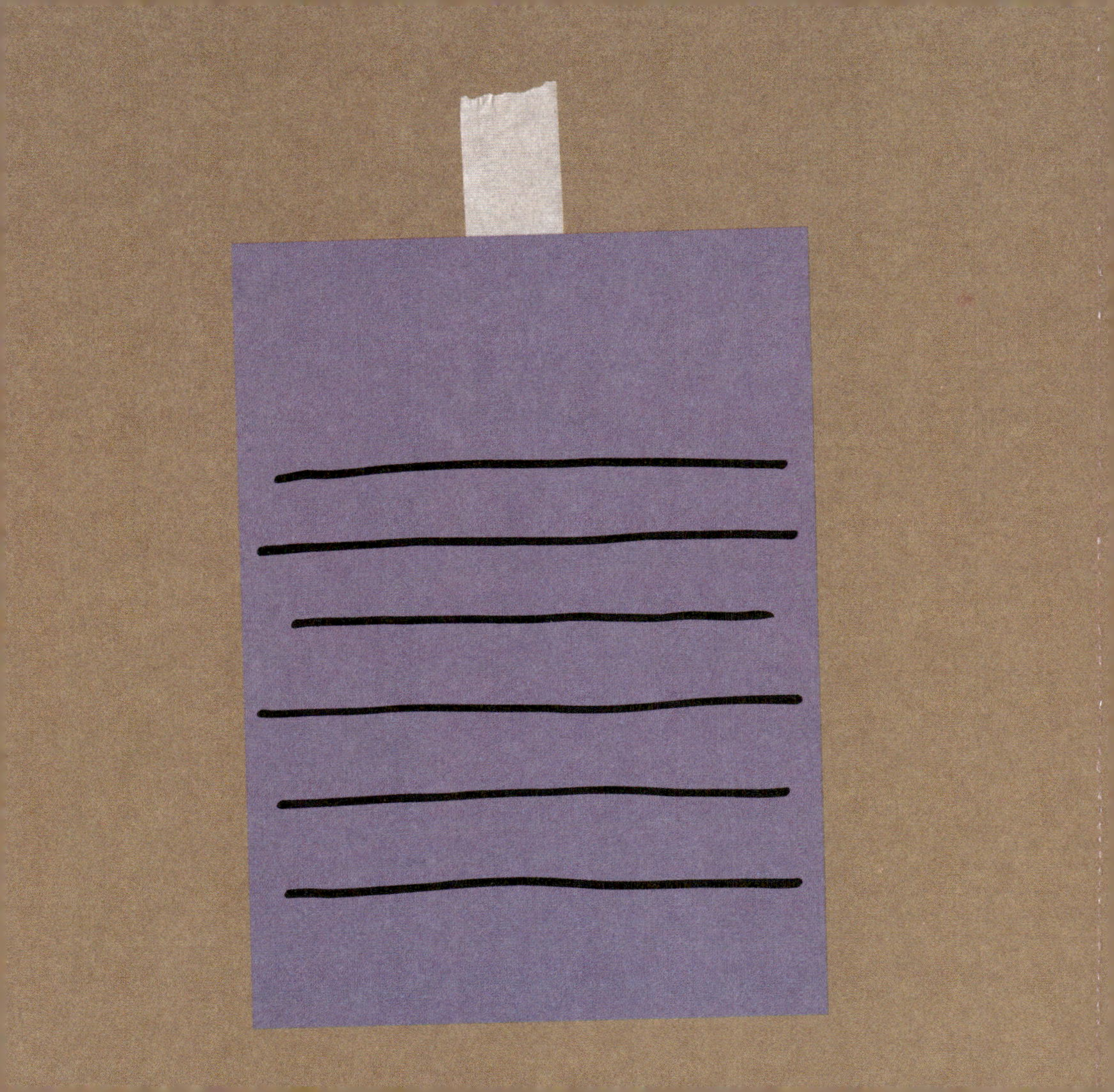

SÓ VEM !

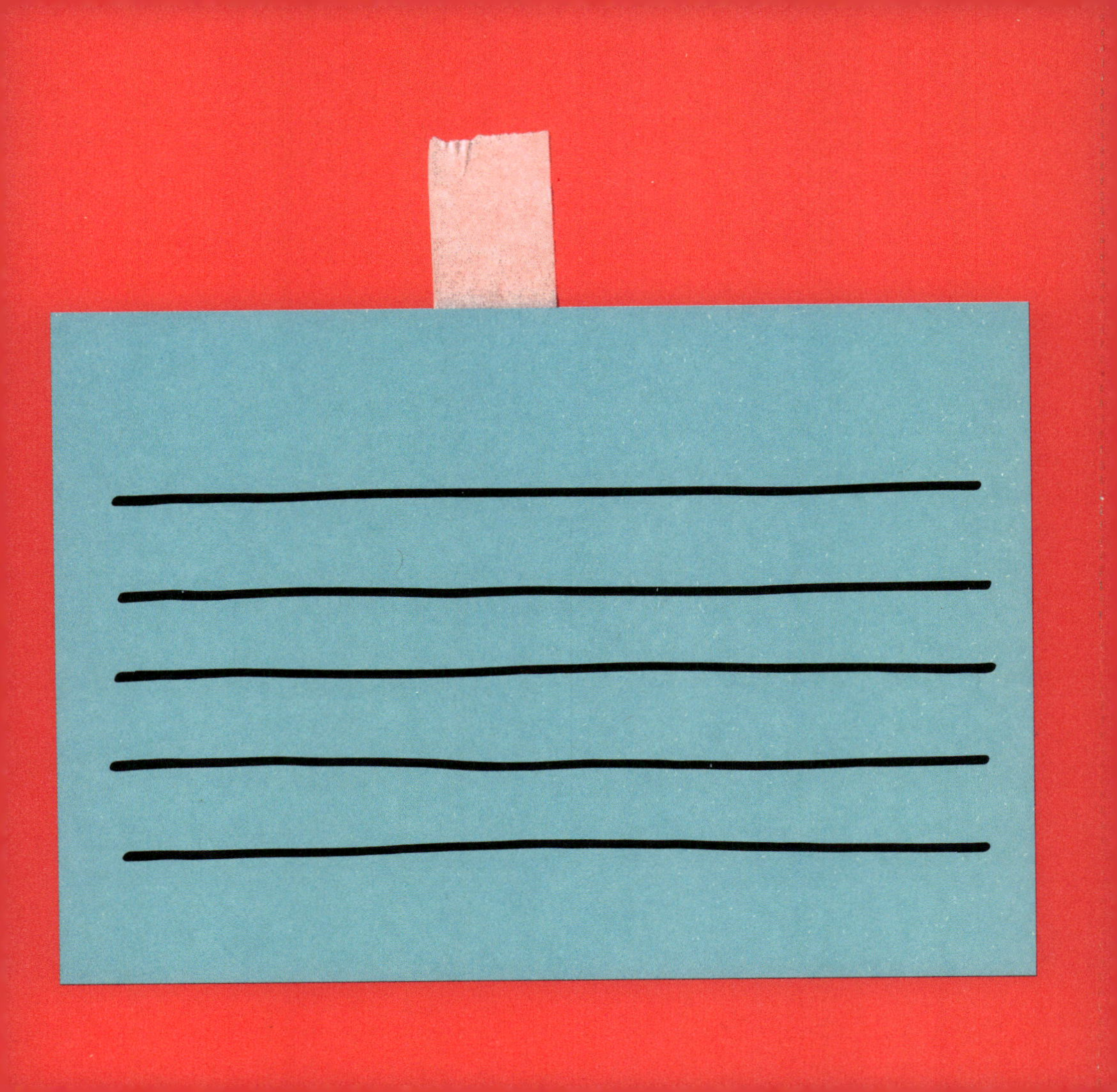

VEM COMIGO.

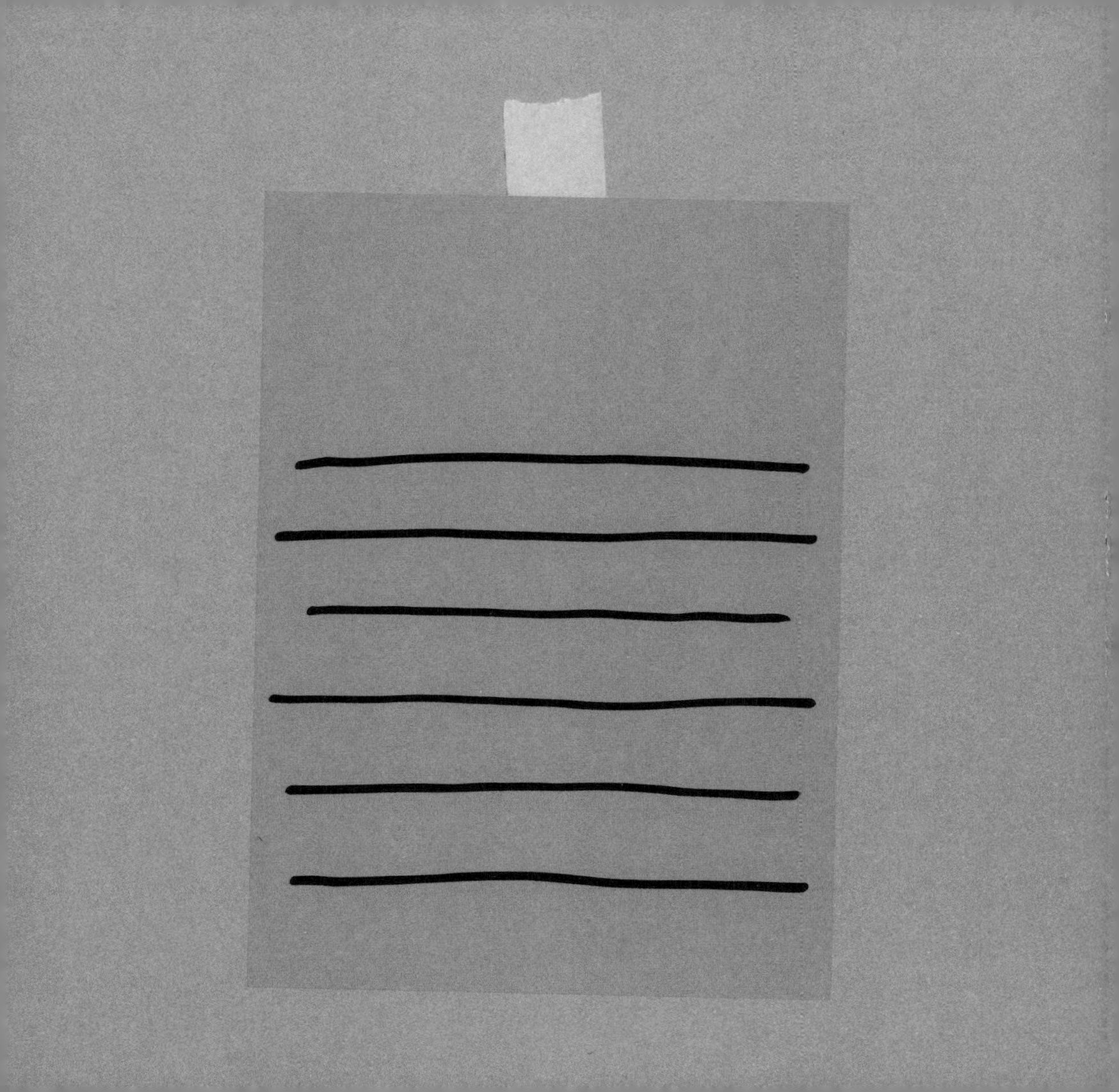

QUE VONTADE DE TER VOCÊ AQUI.

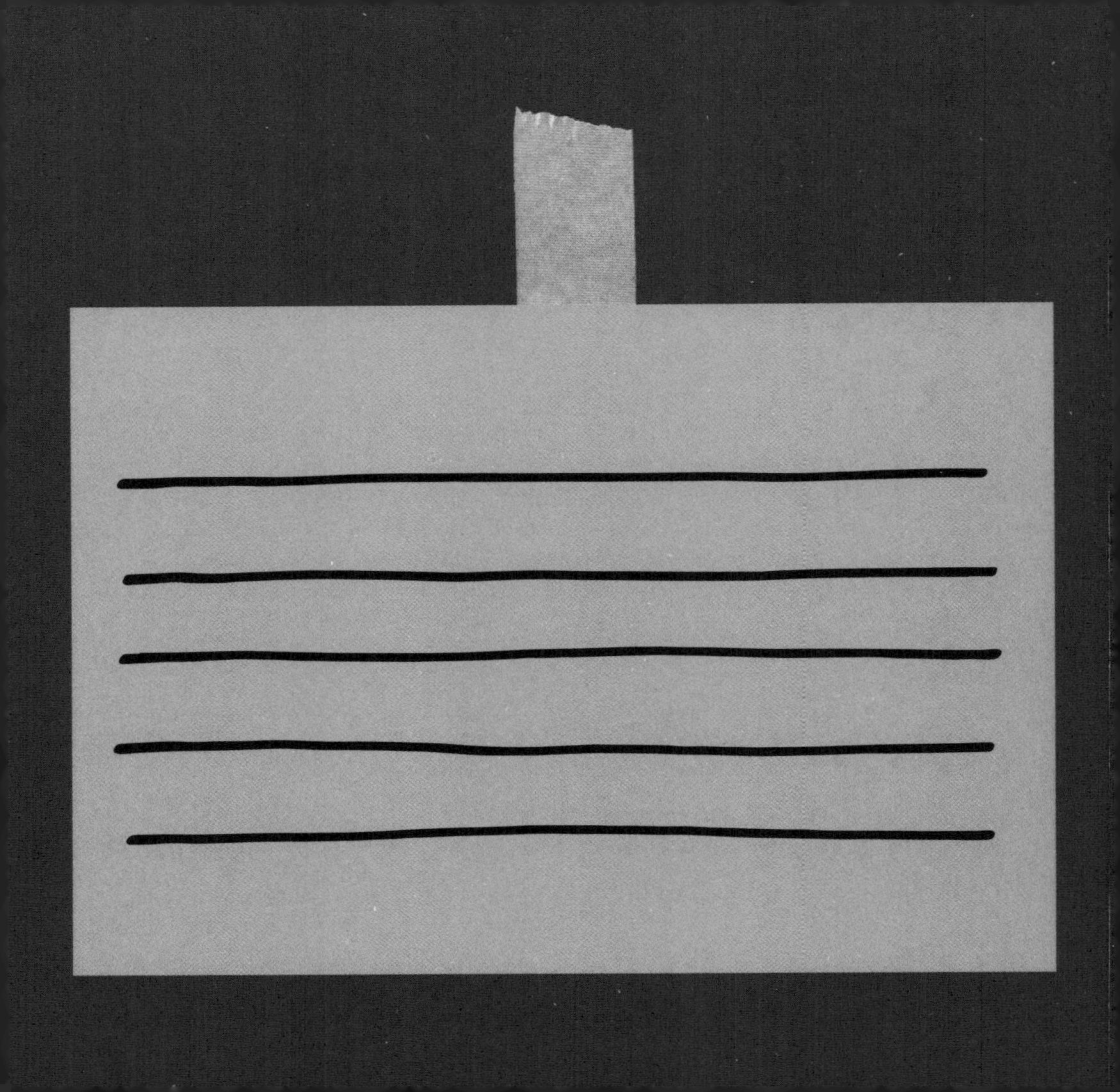

NÃO EXISTE
OUTRO LUGAR
NO MUNDO
QUE EU
GOSTARIA
DE ESTAR
A NÃO SER
AO SEU LADO.

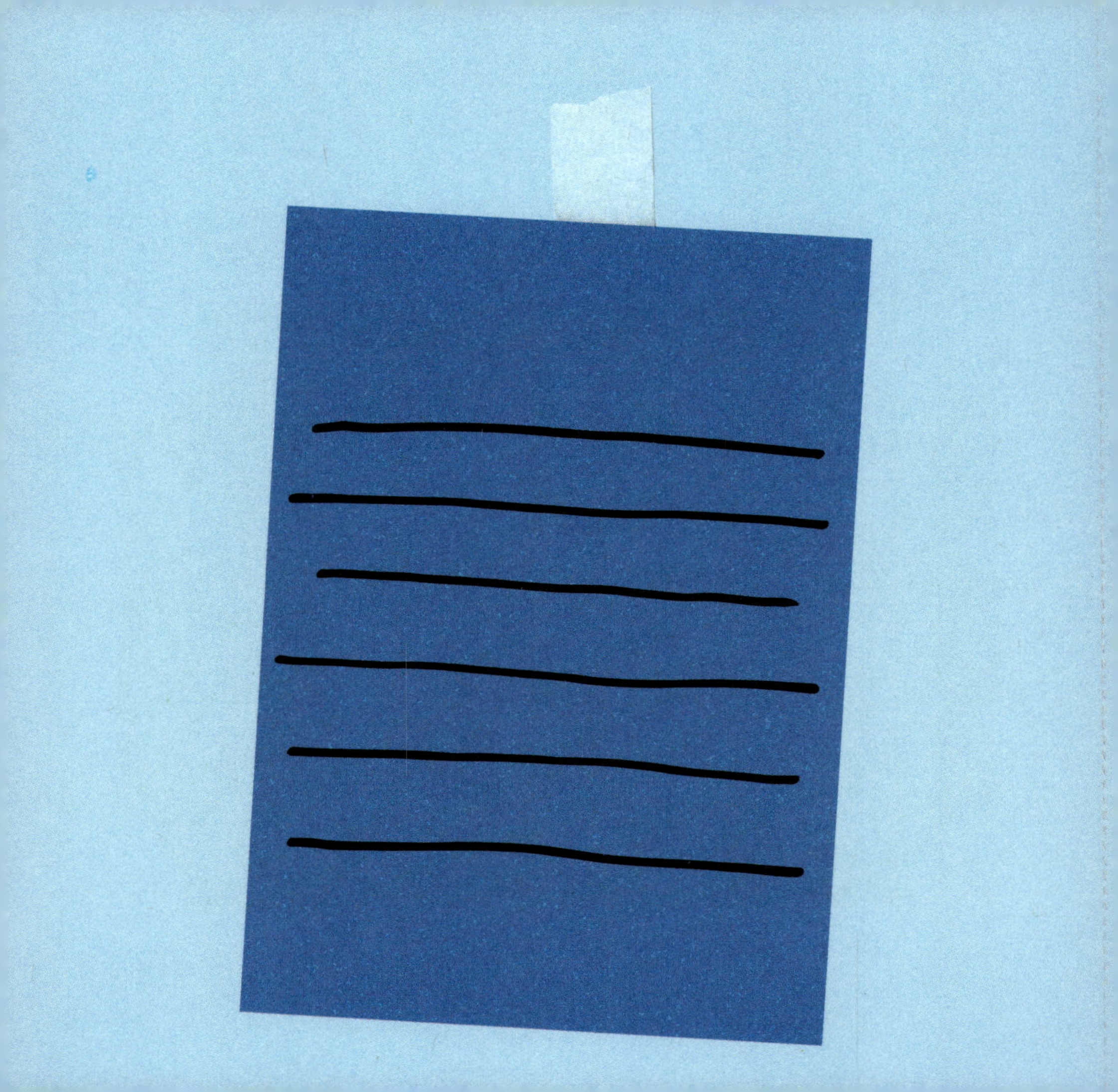

FICA FIRME.

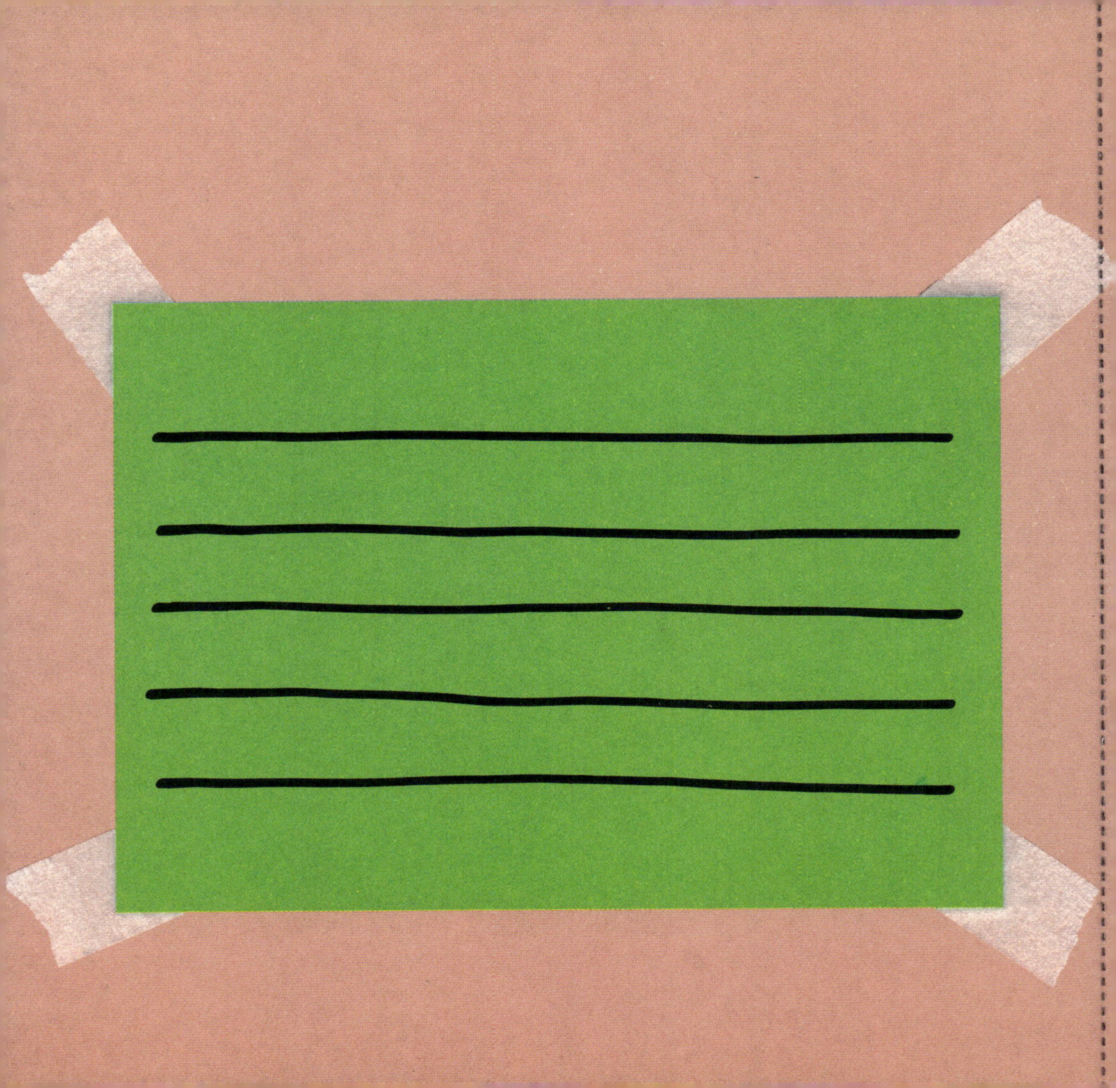

NÃO
ESCONDE
NÃO.

UMI

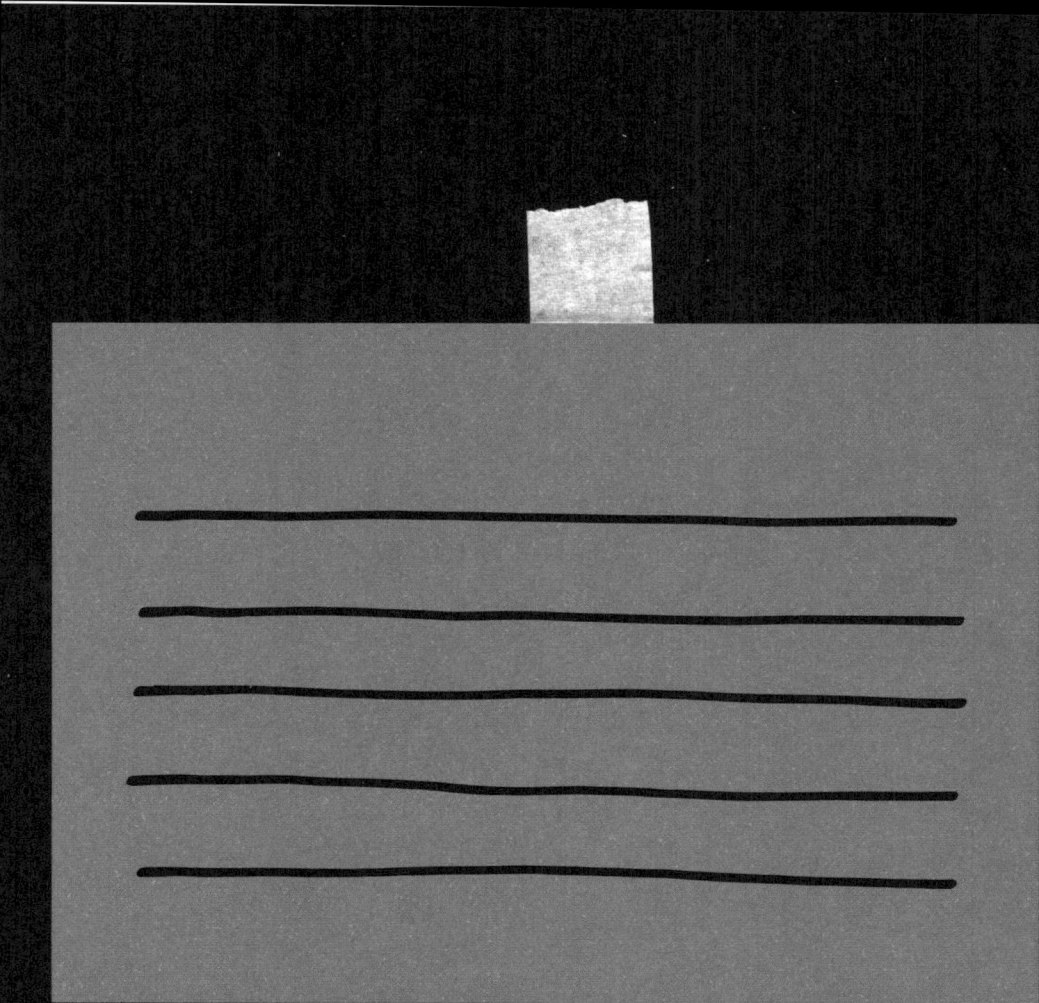

A NOSSA AMIZADE É A MELHOR DO MUNDO.

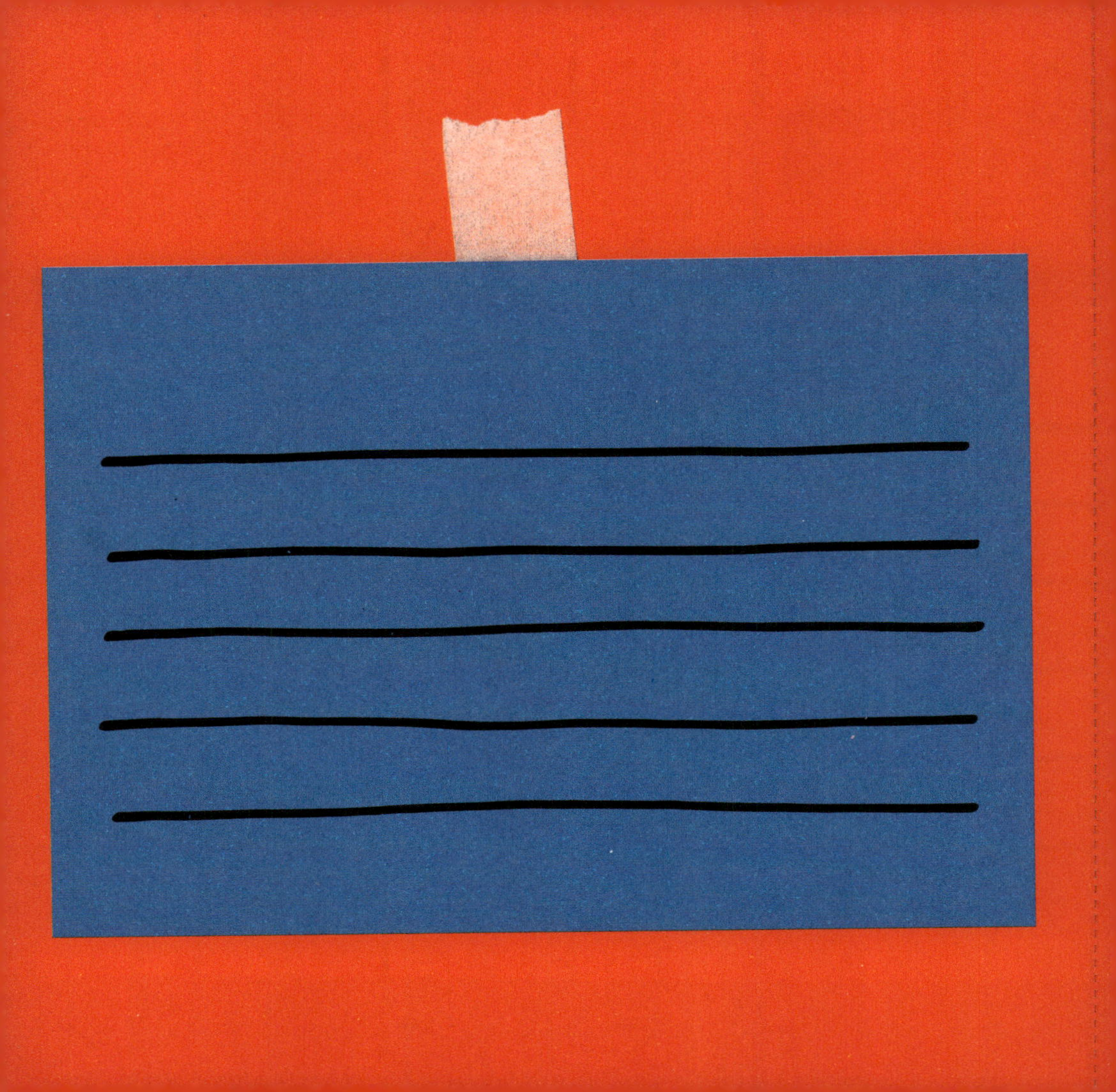

EU
ESTOU
AQUI.

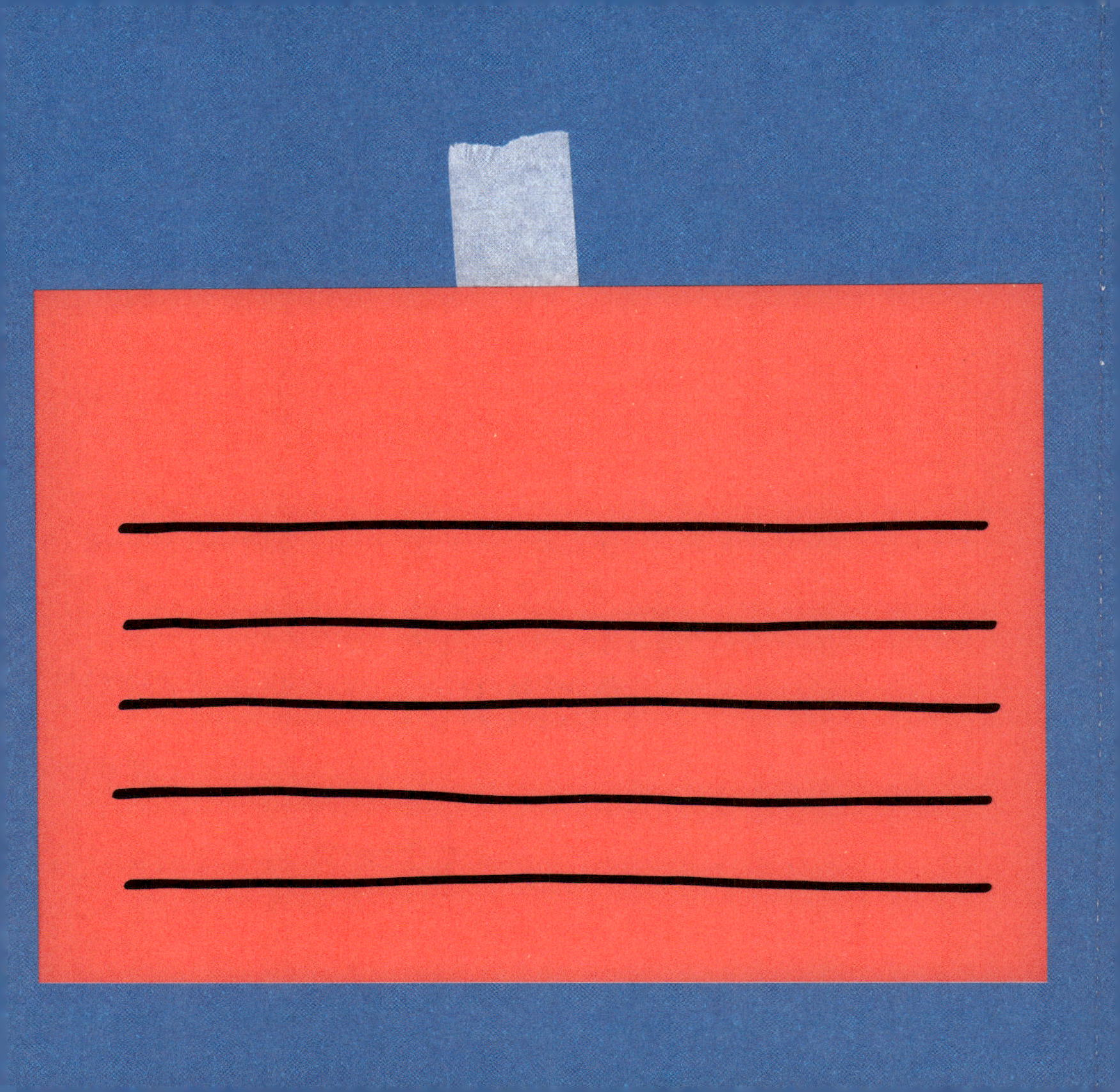

QUER ANDAR COMIGO?

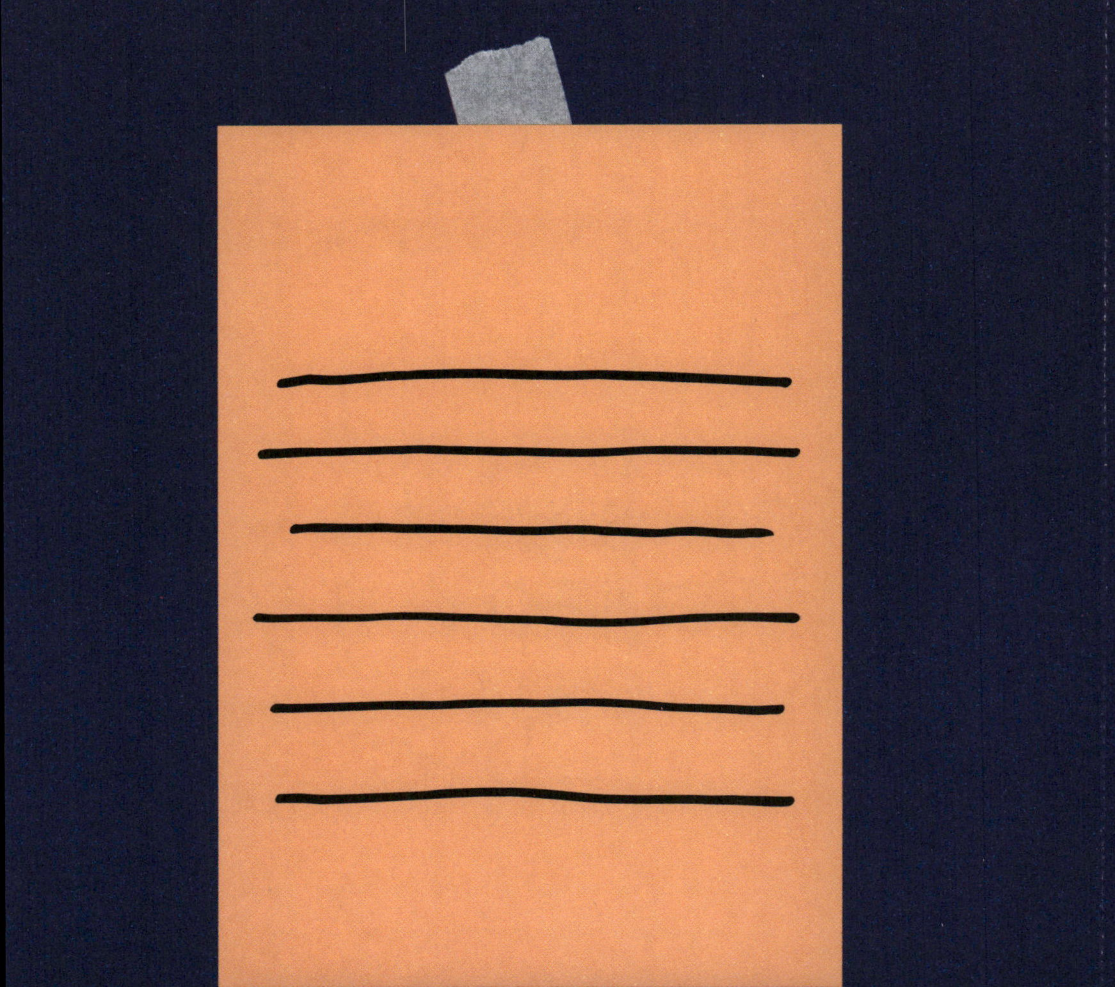

GUARDAR PARA SEMPRE

GUARDAR TARA SEMPRE

O AMOR TRANSFORMA TUDO.